GEHÄNGT IN AUSCHWITZ

GEHÄNGT IN AUSCHWITZ

SIM KESSEL

Aus dem Französischen
von
SUSANNE BUCHNER-SABATHY

Les éditions du
CRIEUR PUBLIC

Deutsche Erstausgabe Juli 2019
© der deutschsprachigen Ausgabe :
Les Éditions du Crieur Public GmbH, Hamburg www.crieur-public.com
© des Originalwerkes : 1970, Didier-David & Patrick Kessel als Rechtsnachfolger von Sim Kessel
Titel des Originalwerkes: *Pendu à Auschwitz*
Übersetzt aus dem Französischen von Dr. Susanne Buchner-Sabathy
Titelbild: © Yad Vashem

Foto vierte Umschlagseite: © DR
Titelseitendesign: Laurent Tournier
Herstellung und Auslieferung: BOD GmbH, Hamburg
ISBN: 978-3-948325-00-8 (Paperback/Taschenbuch)
        978-3-948325-01-5 (Hardcover)
        978-3-948325-02-2 (e-Book)

Inhaltsverzeichnis

VORWORT DER SÖHNE
VON SIM KESSEL

1 30 660. Dies war die Nummer, die die Nazis unserem Vater bei seiner Ankunft in Auschwitz auf den linken Unterarm tätowierten. Wie Vieh, das vom Züchter mit einem Brandzeichen versehen wird. Wie Sklaven, die vom Besitzer mit glühendem Eisen gebrandmarkt werden. Diese Nummer war die Eintrittskarte in die Hölle der Untermenschen. Die Kreaturen, die aus den verriegelten Eisenbahnwaggons wankten, wo sie tagelang ohne Wasser, ohne Nahrung, ohne Latrinen eingepfercht gewesen waren, standen aus Sicht der Nazis tiefer als Vieh. Bevor die Peiniger ihre Opfer niedermetzelten, ließen sie sich alles nur Erdenkliche einfallen, um sie zu erniedrigen, sie zu terrorisieren, sie ihrer Menschlichkeit zu berauben, ihre Kraft zum Widerstand zu zertrümmern, ihre Denkfähigkeit zu zerstören, ihre Hoffnung zu zerbrechen, sie zum Abschaum der Erde zu machen. Die Nazis wollten die Schatten ihrer Schatten zermalmen. Die apokalyptische Vernichtung des Anderen, derer, die als andersartig empfunden wurden.

Mehr noch als in ihrer kalten Industrialisierung, in ihrer akribischen Organisation waren die nationalsozialistischen Vernichtungslager hierin einzigartig in der Geschichte der Menschheit. Auch wenn die Geschichte seit 1945 weitere Kriegsverbrechen hervorbrachte, weitere Massaker an Unschuldigen, weitere Massenvernichtungen, weitere Genozide, beispielsweise in Kambodscha oder in Ruanda, so bleibt Auschwitz doch im Bereich des Unsagbaren, des Unerklärbaren, bleibt Inbegriff des Schlimmsten, was der Mensch je gegen den Menschen ersonnen hat. Wie konnten jene, die dieser Unmenschlichkeit entkommen sind, überleben? Unser Vater, der ehemalige Box-Champion, wog bei seiner Rückkehr nach Paris 36 kg. Wie lernten diese Menschen nach ihrer Heimkehr wieder zu leben? Wie lernten sie, nächtelang ganze Horden von Albträumen zu verjagen? Wie wehrten sie sich gegen die anbrandende Schlaflosigkeit? Wie lernten sie, die Erinnerung an jene zu ertragen, die hilflos unter Schlägen zusammengebrochen waren? Oder gar an jene, die sich nackt und frierend hatten in langen Schlangen anstellen müssen, um in die Gaskammern zu gehen?

Unser Vater sprach wenig über diese entsetzliche Reise nach Dachau, Birkenau, Auschwitz. Wie die meisten Überlebenden meinte er, man würde ihm nicht glauben, man würde denken, er übertreibe. Nach dem Krieg wollten die Menschen, die Bomben, Hunger, Entbehrungen und Verluste erlitten hatten, nichts mehr von Deportationen hören, und schon gar nichts von Todeslagern. Jenen, die die Kraft fanden, aus Treue zu ihren toten und unbegrabenen Kameraden über ihre Erlebnisse in der Deportation zu sprechen, gab man zu verstehen, dass dies störend sei. Man müsse nun doch etwas Neues angehen, ein neues Kapitel aufschlagen, man müsse endlich vergessen. Diese sechs Millionen Toten vergessen, deren einziger Fehler meist darin bestanden hatte, dass sie waren, was sie waren, in manchen Fällen freilich auch, dass sie Widerstand geleistet hatten gegen den Nationalsozialismus. Man sollte auch vergessen, wie brave Familienväter zu Handlangern einer Todesmaschinerie hatten werden können, die einen Teil der Menschheit ausrotten wollte.

Unser Vater sprach wenig darüber, aber sein Körper legte Zeugnis ab. Wenn er im Sommer seine Hemdsärmel aufkrempelte, war es uns nicht möglich, unter den blonden Härchen diese grünen, dicken Ziffern nicht zu sehen, die in seine Haut gebrannt worden waren. Auch die Narbe, die jene Stelle markierte, an der sein linker Mittelfinger gesessen hatte, bevor er ihm von der Gestapo ausgerissen worden war, erinnerte uns an die Qualen, die man Sim Kessel zugefügt hatte als sie versuchten ihn zu zwingen die Namen seiner Gefährten in der Résistance preiszugeben.

Das Datum der Befreiung der Lager gab Anlass zu dem einzigen Verstoß gegen diese Familienkultur der Verschwiegenheit und der Scham. Statt seinen Geburtstag oder den Vatertag zu feiern, wollte Sim, dass seine Frau und seine beiden Söhne mit ihm jenen Tag feierten, an dem die Überlebenden von Auschwitz befreit worden waren, die Letzten, die den Todesmarsch überstanden hatten, zu dem die Nazis die Geschundenen gezwungen hatten. „An diesem Tag", sagte er, „wurde ich zum zweiten Mal geboren". Und als seinen zweiten Geburtstag feierten wir jedes Jahr mit ihm diesen Tag voll Ergriffenheit.

Nachdem unser Vater wieder leben gelernt hatte – dank seiner Eltern, dank einiger Freunde, dank unserer Mutter, und trotz der Gleichgültigkeit, die den Deportierten damals entgegenschlug –, fand er in sich wieder die Quelle jener Kraft, die ihm bereits zuvor das Überleben ermöglicht hatte. Und doch sagte er uns, dass er sich manchmal – erschöpft, entkräftet, verzweifelt, schmerzgepeinigt, entsetzt durch den Anblick der Leichen der Deportierten – in den elektrischen Zaun hätte werfen mögen, um, wie andere es getan hatten, im Tod Befreiung zu finden.

Er hatte sein Leben weitergelebt, als sei nichts gewesen. Aber zwanzig Jahre später empörte er sich gegen diesen Schweigezwang. Er musste das tun, für sich selbst und mehr noch für das Gedächtnis der Millionen Toten. Man musste die Stimme erheben, man musste berichten, was geschehen war, man musste es den nachfolgenden Generationen erzählen, damit, mit Bertolt Brecht gesprochen, der Schoß endlich unfruchtbar werde, aus dem das kroch.

So beschloss unser Vater, dieses Buch zu schreiben und Zeugnis abzulegen. Es erschien in Paris und erhielt 1970 den Prix littéraire de la Résistance, danach wurde das Buch ins Englische übersetzt und fand Verbreitung in Großbritannien und in den Vereinigten Staaten. Ein halbes Jahrhundert später schlug uns der Verleger Kay H. Kohlhepp vor, eine deutschsprachige Ausgabe zu veröffentlichen, vor allem gedacht für Schüler und Schülerinnen. Wir waren sofort bereit, dieses schöne Projekt zu unterstützen. Denn es hätte unserem Vater gefallen.

Zum ersten Mal in ihrer Geschichte leben die Länder Europas nun seit dem Ende des Zweiten Weltkriegs in Frieden, sie, die seit jeher immer wieder Krieg geführt hatten. Aber wenn in den Völkern Europas wieder Ideologien des Hasses auftauchen und das, was als andersartig empfunden wird, wieder zum Ziel von Drohungen wird, reicht Friede nicht aus. Antisemitismus, Rassismus, übersteigerte Nationalismen, Ideologien des Hasses und religiöse Totalitarismen sind in unterschiedlichem Maße leider wieder präsent. Was man nach Auschwitz für unmöglich hielt, wird wieder vorstellbar. Antisemitische Graffitis auf Schaufenstern, geschändete Gräber, Morde an Frauen und Männern, die erschossen wurden, weil sie jüdisch waren, rassistische Aggressionen, das Massaker an den Zeichnern der Satirezeitschrift Charlie Hebdo, gemeine Attentate, ständige Drohungen gegen Intellektuelle, die für absolute Gewissensfreiheit eintreten, zeigen uns, dass der Hass zurückgekehrt ist. Die vielgestaltige Unmenschlichkeit erhebt ihre Fratze und streckt ihre Krallen.

Freilich wissen wir, dass wir diese Unmenschlichkeit nie gänzlich ausrotten können, dass wir immer weiter gegen Ignoranz kämpfen müssen, gegen das Bestreben, die Menschen am selbständigen Denken zu hindern, gegen menschliche Raserei. Dennoch müssen wir wie Sisyphos unermüdlich in jeder Generation die Erinnerung weitertragen, wir müssen die Welt zu verstehen trachten und die Unmenschlichkeit so weit wie nur möglich zurückdrängen. «Man muss immer auf den Menschen setzen", sagte unser Vater, der guten Grund gehabt hätte, an dessen Vertrauenswürdigkeit zu zweifeln.

Diese Übersetzung, die sich vorrangig an deutschsprachige Jugendliche richtet, ist ein Symbol dafür. Sie will ein bescheidener Beitrag sein im Kampf für die Prinzipien der Aufklärung und einer weltumspannenden Geschwisterlichkeit.

Didier-David und Patrick Kessel
Paris, am 25. Mai 2019

VORWORT DES AUTORS

I m Dezember 1944 wurde ich in Auschwitz gehängt. Die Umstände, die mir das Leben gerettet haben, sind außergewöhnlich, vielleicht sogar einmalig. Denn wenn es auch manchmal vorgekommen sein mag, dass das Seil riss oder der Knoten sich löste, so wurde dem Verurteilten doch gewöhnlich nur ein Aufschub von wenigen Stunden gewährt. Die SS verzieh nicht. Alle, die die gestreifte Gefängniskleidung von Auschwitz trugen, waren zum Tode verurteilt. Jeder, der überlebte, überlebte durch ein Wunder. Allenfalls ließe sich sagen, dass die Häftlinge, die als letzte ankamen, das Martyrium eher überstanden, weil die Dauer des Aufenthalts im Lager ihre Widerstandskraft noch nicht erschöpfen konnte. Erst in den letzten Kriegsmonaten verhaftet zu werden, stellte eine gewisse Überlebenschance für sie dar. Doch nur ganz wenige überlebten, wie ich es tat, ganze dreiundzwanzig Monate Lagerhaft – und dabei zähle ich die vorhergehenden Gefängnisaufenthalte nicht mit.

Die Überlebensdauer in Auschwitz oder einem seiner Nebenlager betrug im Durchschnitt höchstens drei Monate. Auschwitz war nicht das einzige Instrument des Völkermords. Auch die anderen Lager trugen dazu bei. Keines jedoch in diesem Tempo.

Drei Monate reichten, um einen Menschen all seiner Reserven zu berauben. Danach war das Überleben purer Zufall. Es ergab sich aus einer Verkettung glücklicher Umstände, die jeweils eine Atempause von wenigen Tagen oder Wochen gewährten.

Ich wurde also hundertmal gerettet, entkam einem tödlichen Schlag oder erhielt von unerwarteter Seite Hilfe. Wir waren aus der Welt ausradiert und konnten auf keine der Sicherheiten zählen, die von Gesetz oder menschlichem Erfindungsreichtum geschaffen werden.

Darum können wir uns nichts darauf einbilden, Auschwitz lebend verlassen zu haben. In dieser Hölle haben nicht die Besseren überlebt. Intelligenz, Mut, Bildung, Lebenskraft oder leidenschaftliche Lebensfreude waren machtlos. Kaum lässt sich behaupten, dass es den Geschicktesten oder den Skrupellosesten unter uns gelegentlich gelang, die Situation zu ihren Gunsten zu wenden. Das gemeinsame Elend ließ alle Unterschiede verschwinden, löschte die Werte aus, brach den Willen. Selbst diejenigen, die sich über einen „Druckposten" freuen konnten – eine Erleichterung, in deren Genuss man meist zufällig und fast immer nur vorübergehend gelangte – blieben der schlechten Laune eines Soldaten oder der mörderischen Raserei eines Kapos ausgeliefert.

Ich schrieb den Bericht meiner KZ-Erlebnisse nicht nieder, um Vorteil daraus zu ziehen. Wenn ich den Ehrgeiz hätte, mich hervorzutun, würde ich eher – und mit größerer Berechtigung – von den beiden Jahren vor meiner Verhaftung sprechen, als ich in Paris der Résistance angehörte. An diese beiden Jahre nämlich denke ich mit größter Befriedigung zurück. Sie reichen aus, um ein Menschenleben zu rechtfertigen.

In den Lagern herrschten überall dieselben Vorschriften und was in dem einem geschah, geschah auch in allen anderen. Nur das Ausmaß der Vernichtung war verschieden.

Und dennoch halte ich es für nützlich, Zeugnis abzulegen. Fünfundzwanzig Jahre[1] nach der Befreiung der Gefangenen

---

1 Sim Kessel veröffentlichte die französischsprachige Originalfassung seiner Autobiographie im Jahr 1970. Grundsätzliche Anmerkung: Alle

von Auschwitz ist der Prozess gegen ihre Peiniger noch nicht beendet. Noch in jüngster Zeit wurden manche Täter freigesprochen, andere erhielten sehr milde Urteile. In jedem einzelnen Fall gab es eine jahrelange Untersuchung. Sorgfältig wurden die Beweise ihrer Verbrechen gesammelt. Alle, die Auschwitz überlebt haben, wissen, dass das gesamte Wachpersonal dort ohne Ausnahme schuldig und gleichermaßen niederträchtig war, selbst wenn man die unablässig vorgebrachte Entschuldigung, die Täter hätten ja nur ihre Pflicht getan und Befehlen gehorcht, vorbehaltlos akzeptieren würde.

Ich halte es für nützlich, dass dies gesagt wird, wie ich es für nützlich halte, an die Qualen der Opfer zu erinnern. Diese Erinnerung verlöscht bereits. Fünfundzwanzig Jahre danach entdecke ich, dass junge Leute niemals von den Lagern gehört haben. Ich entdecke auch, dass viele nicht daran glauben. Gerne wird behauptet, die Fakten seien übertrieben worden, es sei eine allen Gefangenen eigene Schwäche, das in der Gefangenschaft erduldete Leiden zu übertreiben, im Übrigen habe die SS nur nach den Gesetzen des Kriegs gehandelt und was sich da in Deutschland ereignet hat, sei überall und zu allen Zeiten in gleicher Weise geschehen.

Solche Aussagen, die andere Deportierte gehört haben, wie auch ich sie gehört habe, und die in bestimmten Veröffentlichungen zu finden sind, machen wütend. Und doch: die Überlebenden, die dagegen Einspruch erheben könnten, melden sich kaum zu Wort. Weit davon entfernt, die Narben ihrer Wunden zu zeigen, sind sie nur bestrebt, möglichst nicht mehr darunter zu leiden.

Zudem sind es nicht die Aussagen der Unwissenden und Skeptiker, die am meisten empören. Da sind auch noch diejenigen, die freiwilliges Schweigen einfordern, diejenigen, die protestieren, die sich darüber beklagen, dass man ihre

---

Fußnoten sind Erläuterungen, die von der Übersetzerin und vom Herausgeber eingefügt wurden, sie stammen nicht von Sim Kessel.

Ruhe störe, dass man sie den Geruch des Todes atmen ließe, diejenigen, die gemessen erklären, dass es sich nicht schicke, eine gewiss bedauerliche, aber auf immer begrabene Vergangenheit aufzurühren, diejenigen, die darauf hinweisen, dass eine solche Exhumierung ebenso unheilvoll wie unpassend sei. Unheilvoll, weil die Menschheit nichts dabei gewinne, wenn Rachsucht und Hass wiederbelebt würden. Unpassend, weil die Deutschen ihre Reue ja unter Beweis gestellt und den Weg der Versöhnung eingeschlagen hätten.

Niemals habe ich Deutschland und den Nationalsozialismus gleichgesetzt, nie ließ ich gelten, dass das deutsche Volk an sich kriminell sei. Da ich Rassismus verurteile, wäre es doch seltsam, wenn ich behaupten würde, die Deutschen seien eine eigene Rasse. Wenn ich mich dem barbarischen Prinzip der Kollektivschuld verweigere, versage ich mir auch, allen die Last des Verbrechens aufzubürden, das einige begangen haben. Ich lernte Deutsche kennen, die gut und menschlich waren und ich lernte Franzosen kennen, die Mörder waren. Es gibt keine Rassen und keine Nationen, die von Natur aus pervers sind. Es gibt nur einzelne Menschen, die die Barbarei zum Ideal erheben und die Gewalt zur Tugend. Dass diese Menschen in Deutschland mehr Macht erlangten als in anderen Ländern, ist nur ein Zufall der Geschichte. In anderen Ländern gibt es vergleichbare Bestrebungen, und nichts beweist oder garantiert, dass es sie nicht immer wieder geben wird.

Für jeden aufrichtigen Menschen, der in üblicher Weise über Informationen verfügt, ist es ganz klar, dass das Prinzip der Rassendiskriminierung wissenschaftlich absurd ist; dass der Glaube an eine Rassenhierarchie unhaltbar ist; dass die systematische Zerstörung von Millionen von Menschen, die man für „minderwertig" erklärt – Juden, Russen, Polen und Zigeuner [2] – ein monströses Verbrechen darstellt. Und doch konnte dieses Verbrechen im 20. Jahrhundert begangen

---

2   Sim Kessel verwendet im Jahr 1970 noch den Begriff „Zigeuner", der heute üblicherweise keine Verwendung mehr findet, da er als rassistisch

werden. Die irrsinnige Philosophie fand sogar in wissenschaftlichen Kreisen Anhänger. Der Plan der methodischen Vernichtung wurde von zivilisierten Menschen entwickelt und umgesetzt. Nichts erlaubt uns zu behaupten, dass diese Ideologie verschwunden sei oder jetzt gerade verschwinde. Ganz im Gegenteil. Der Nationalsozialismus hinterließ Spuren. Er verpestet weiterhin Gedankenwelten. Um das Gift auszuscheiden, braucht es Zeit und Mühe.

Die Jahre vergingen, ohne dass ich die Gelegenheit und die Kraft fand, meine Erinnerungen zu sammeln. Zunächst musste ich ins Leben zurückkehren. Drei Jahre täglicher Folter lassen nicht nur körperliche Spuren zurück. Man muss abwarten, bis der Geist seinen Frieden wiederfindet, bis das Urteil sich klärt, bis der Wille sich wieder anspannt. Lange machte ich es wie alle Überlebenden, ich kämpfte gegen den quälenden Zwang der Erinnerung. Ich weiß aus Erfahrung, dass dieser Zwang unerträglich ist. Er verbietet jedes Ausruhen, bevölkert die Nächte mit Alpträumen. Wenn zwei ehemalige Deportierte sich treffen, vermeiden sie es einträchtig, die Vergangenheit aufzurühren.

Eine andere Schwierigkeit, die mich lange zurückhielt, ist, dass man einen solchen Bericht nicht nur auf eigene Erinnerungen gründen darf. Niemand, der nach Auschwitz deportiert wurde, konnte Notizen machen und diese aufbewahren. Es war verboten zu schreiben. Im Übrigen hatte man, selbst wenn man über die Mittel verfügt hätte, weder Zeit noch Lust dazu. Ich habe daher Ereignisse rekonstruiert, datiert und objektiviert, die ich zwar erlebt habe, denen ich damals aber keinen Einlass in mein Denken zu geben vermochte.

Man wird mir nicht vorwerfen können, unglaubwürdig zu sein. Oder unaufrichtig. Doch in vielerlei Hinsicht wäre ich gern genauer gewesen. Ich war so genau, wie ich nur konnte. Ich befragte andere Deportierte. In mühsamer Arbeit

---

eingestuft wird. Die Textstelle zeigt, dass Sim Kessel den Begriff nicht in rassistischer Form verwendet.

trat ich mit den wenigen Auschwitz-Überlebenden in Paris und anderswo in Kontakt, um sie zu bitten, ein Datum oder ein Faktum zu bestätigen. So sehr zweifelt man auf lange Sicht an sich selbst und so unglaublich ist das Geschehen selbst!

Diese Skrupel muss man verstehen. In den Lumpen des Deportierten war ich nicht der aufmerksame Zeuge, der alles sehen, alles zusammentragen, alles bewahren wollte. Ich war ein gehetztes Tier, das nur irgendwie zu überleben versuchte, und der Umstand, dass ich ständig Schläge, Hunger, Kälte, Krankheit, Ungeziefer aushalten musste, ließ mir keinen Raum für Beobachtung und Reflexion. Was mir Tag für Tag begegnete, nahm ich passiv in mich auf, ohne zu versuchen, es zu verstehen. Es war schon viel, wenn man auch nur ein Minimum von Energie aufbringen konnte, um durchzuhalten und weiter zu hoffen. Jene, die diese Kraft nicht besaßen und in Apathie versanken, starben, noch bevor sie jenen Grad an körperlicher Zerrüttung erreicht hatten, der sie in die Gaskammer führte, sie starben, weil sie so einfach nicht leben wollten.

Viele dieser Toten waren meine Freunde. Einige von ihnen verschieden in meinen Armen. Ihnen widme ich diese Seiten.[3]

(Unterschrift: Sim Kessel)

---

3 Anmerkung des Verlages: Sim Kessel hat die Veröffentlichung der deutschen Fassung seines Werkes nicht mehr erlebt. Die hier – mit Zustimmung seiner Söhne – eingefügte Unterschrift von Sim Kessel stammt aus einem französisch-sprachigen Exemplar, welches er signiert hatte.

KAPITEL I

VERHAFTUNG

Ich wurde am 14. Juli 1942 in Dijon verhaftet. Ich war beinah 23 Jahre alt. Es war mein erster Kontakt mit der Gestapo.

Ich hätte bei einer Razzia verhaftet werden können oder man hätte mich einfach zu Hause abholen können. Tatsächlich gehörte ich einem Pariser Résistance-Netzwerk an und die Polizisten nahmen mich fest, als ich von einer Mission zurückkehrte, bei der es um eine Waffenlieferung ging.

Ich war am 20. Dezember 1940 in Paris der Résistance beigetreten. Auslösend dafür war, dass ich, als ich untätig auf der Straße herumlungerte, zufällig einen Freund aus Kindheitstagen wiedertraf. Vor kurzem war ich aus der Armee entlassen worden und nun wusste ich nicht, was ich mit mir anfangen sollte. Vom Krieg hatte ich nur das lange Stillsitzen an der Westfront kennengelernt, gefolgt von wilder Flucht. Wie hunderttausende andere Soldaten hatte ich praktisch keine Gelegenheit gehabt, zu kämpfen. Ich litt darunter. Mit dem Feuer und der Leichtfertigkeit der Jugend wollte ich nun den Kampf fortführen. Ich begriff nicht, wie gefährlich dieses Unterfangen war. Ich wusste, dass die Menschen meiner Rasse in ganz besonderem Maße Zielscheibe der Verfolgung waren. Die Besatzer machten kein Hehl daraus. Doch niemals hatte ich versucht, zu fliehen oder meine Familie in Sicherheit zu bringen. Sobald ich aber die ersten Flugblätter sah und Radio London hörte, beschloss ich, mich am geheimen Krieg zu beteiligen. Ich war ein Pariser Kind.

Herangewachsen auf dem Pflaster der Großstadt, konnte ich mir kein anderes Kampfgebiet vorstellen.

Als ich die Gelegenheit erhielt, einer Résistance-Gruppe beizutreten, war ich sofort Feuer und Flamme.

Beinah zwei Jahre lang lernte ich das gefahrvolle Leben der Untergrundkämpfer kennen. Ich werde hier nicht von meinen Heldentaten erzählen, auch nicht von dem unglaublichen Plan, der mich mit einer Bombe in der Aktentasche in die Räume der Kommandantur an der Place de l'Opéra führte. Eine Bombe, die übrigens nicht explodierte. Wenn ich mich an diesen Coup erinnere, so frage ich mich, ob meine Kameraden und ich nicht von einer Art Tollheit getrieben waren. Eine Erschießung von Geiseln hatte uns auf die Idee gebracht. Wir waren Neulinge, hatten noch keine Erfahrung mit Kampfaktionen, waren bestrebt, nicht als Feiglinge dazustehen, und beflügelt von der vagen und absurden Hoffnung, dass sogar der Feind, wenn er uns fasste, unseren Mut anerkennen würde.

Als ich am 14. Juli 1942 verhaftet wurde, hatte ich eben mit einem Koffer voller Maschinenpistolen die Demarkationslinie überschritten. Diese Waffen stammten aus einem Geheimlager, das mein Bataillon zur Zeit des Waffenstillstands vergraben hatte, damit es nicht in die Hände des Feindes fiel. Ich wusste genau, wo es sich befand. Bereits zum zweiten Mal war mir gelungen, die Demarkationslinie in beide Richtungen zu überqueren. Das Depot lag nämlich südlich dieser Linie, in Neuville-sur-Ain. Ein am Übergang postierter Komplize hatte mir jedes Mal bei dem nächtlichen Unternehmen geholfen.

Am 12. Juli war ich morgens in Chalon-sur-Saône eingetroffen, wo ich eine Fahrkarte nach Paris kaufen wollte. Ich verhielt mich ruhig und ungezwungen, wie jemand, der nach einem Ausflug aufs Land, wo er sich mit Lebensmitteln versorgt hat, nun im „Butterzug" nach Paris zurückkehrt. Der Koffer voller Waffen hing schwer an meinem Arm, mein Herz schlug heftig. Kaum hatte ich meine Fahrkarte aus den Händen eines gleichgültigen Bediensteten entgegengenommen, als ich durch die Scheibe des Schalters im Durchgang zum Bahnsteig einen Kontrolleur der deutschen Gendarmerie bemerkte, erkennbar am Abzeichen auf seiner Brust, begleitet von zwei Männern im Zivil, die der Gestapo angehörten. Ich täuschte mich gewiss nicht. Ich hatte genug Erfahrung, um zu ermessen, wie gefährlich eine Kontrolle im Zug wäre. Ich konnte nicht umkehren, ohne die Aufmerksamkeit der Polizisten auf mich zu lenken. Also ging ich auf den Bahnsteig und war ganz erfüllt von dem Bestreben, meine Last irgendwo abzustellen. Ich suchte die Gepäckaufbewahrung, hielt meinen Koffer einem Bediensteten hin, der sein Gewicht zu beurteilen schien, indem er ihn mehrfach in der Hand wog, er sagte aber nichts. Ich erhielt einen Schein für die Gepäcksaufbewahrung, steckte ihn in die Tasche und entfernte mich.

Ich wagte es nicht, den Bahnhof auf dem Weg zu verlassen, auf dem ich ihn betreten hatte. Ich wandte mich zum Bahnhofsbuffet und setzte mich. Die graugrünen Uniformen, die man überall sah, ließen meinen Wunsch, einen Ausgang zu suchen, verstummen; plötzlich packte mich die Angst. Meine Beine trugen mich kaum mehr. Ich trank einen Kaffee, zumindest den Aufguss aus gerösteter Gerste, den man als solchen bezeichnete.

Ein Eisenbahner an einem anderen Tisch trank ebenfalls Kaffee. Er beobachtete mich. Ich sehe noch immer sein geschwärztes Gesicht und seine aufmerksamen Augen vor mir. Er hatte verstanden, dass ich gehetzt war, verängstigt und zudem nicht ausreichend gestählt, um meine Bestürzung völlig zu beherrschen. Draußen, auf dem Bahnsteig, war eine beunruhigende Bewegung wahrnehmbar. Soldaten liefen die Züge entlang.

Der Eisenbahner näherte sich mir, mit einem Schimmer von Freundschaft in den Augen. Dieselbe Einfühlung, die es ihm erlaubte, das Entsetzen des Verfolgten zu erahnen, ließ mich seine Absicht, mein Retter zu sein, verstehen. Vielleicht hätte er gezögert, wenn er meine „terroristischen" Fähigkeiten geargwöhnt hätte. Er musste mich für einen Flüchtling halten, der die Demarkationslinie zu überqueren versuchte. Jedenfalls nahm er ohne Zögern das Risiko auf sich, mich als Arbeiter verkleidet aus dem Bahnhof hinauszubringen. Beinah ohne Worte einigten wir uns darauf, miteinander wegzugehen, ich mit seiner Werkzeugkiste in der Hand und seiner Schirm-Kappe auf dem Kopf, zwei Arbeiter, die ihr Tagwerk beendet haben.

„Nicht laufen! Wir gehen nach draußen."

Und schon gingen wir ruhigen Schrittes die Gleise entlang. Als wir zu einem Wachposten kamen, spürte er mein Zusammenzucken und nahm mich am Arm. Ich hatte mich noch nicht von meinem Schrecken erholt.

„Keine Angst."

Tatsächlich nahm der Wachposten keine Notiz von uns. Mein Retter führte mich durch die Weichen bis zum Güterbahnhof. Ich verließ den Bahnhof, immer noch an seiner Seite, wir gelangten bald in ein ruhiges Viertel mit Reihenhäuschen und kleinen Gärten. Er zeigte mir in einiger Entfernung ein Einfamilienhaus.

„Hier wohne ich. Aber ich kann dich nicht bei mir aufnehmen. Wenn die Deutschen die Züge kontrollieren, werden sie auch die Häuser der Eisenbahner durchsuchen. Geh da weiter, nach dreihundert Metern kommst du aufs Land.

Ich glaubte mich gerettet. Naiv beruhigt, weil ich einige Distanz zwischen die Deutschen und mich gebracht hatte, drückte ich ihm die Hand und ging – nicht aufs Land, sondern in Richtung Stadt, weil ich in meiner Einfalt bereits daran dachte, die Demarkationslinie ein weiteres Mal zu überqueren, um eine weitere Waffenladung zu holen. Ich konnte nicht ermessen, wie groß die Gefahr war, da ich keine Ahnung davon hatte, über welche Möglichkeiten die Polizei verfügte. Als ich den Busbahnhof erreichte, begriff ich rasch. Die Autobusse wurden vor der Abfahrt ebenso streng kontrolliert wie die Züge. Durch die Scheibe des Cafés, das ich betreten hatte, sah ich, wie deutsche Autos mit großer Geschwindigkeit vorfuhren und Gendarmen in die Busse einstiegen, um die Papiere der Reisenden zu überprüfen. Es blieb mir nichts mehr übrig, als mich, von Angst gepackt, wieder davonzumachen. Ich begriff, dass der Koffer mit den Pistolen entdeckt worden war und die Polizei meine Personenbeschreibung besaß. Die folgenden Ereignisse sollten mir diese Vermutung bestätigen.

Ich weiß immer noch nicht, ob der Bedienstete in der Gepäckaufbewahrung auf das abnorme Gewicht des Gegenstands, den ich hinterlegt hatte, aufmerksam gemacht und mich damit denunziert hat, oder ob er sich damit zufriedengab, eine Beschreibung von mir zu liefern, nachdem der Koffer entdeckt worden war. Ich war recht leicht wiederzuerkennen: blondes Haar, blaue Augen, Boxernase.

Ich musste fliehen und vermied dabei die Hauptstraßen. Zufall oder Instinkt führte mich zu dem Viertel in der Nähe des Bahnhofs, das ich kaum eine Stunde zuvor verlassen hatte. Ich hoffte, dort wieder den Mechaniker zu treffen, der mich gerettet hatte. Ich kannte sonst niemanden in Chalon-sur-Saône. Ich hatte das Gefühl, in die Falle gegangen zu sein, gefangen in einer feindseligen Stadt, in der ich mich nicht orientieren konnte. Züge und Autobusse, die mich hätten von hier wegbringen können, durfte ich nicht benutzen, die Straßen hinaus aufs Land waren vielleicht gesperrt. Es blieb mir nur mehr die Möglichkeit, mich hier vor Ort zu verstecken und darauf zu warten, dass die Überwachung gelockert würde.

Ich hatte das Glück, meinen Eisenbahner wiederzutreffen, der nach seiner Frühschicht nach Hause zurückkehrte. Ich hatte zwei endlose Stunden in einem von Gestrüpp überwucherten Gärtchen verbracht und als ich es verließ, war ich mit meiner Geduld am Ende, war bereit, alles zu versuchen. Mein Versteck, das schon unsicher gewesen war, als die Straße noch verlassen dalag, wurde, je mehr Leute dort auf ihrem Heimweg von der Arbeit vorbeigingen, einfach lächerlich. Ich sah, wie der Mann seinen Schlüssel hervorzog und seine Tür öffnete. Er hatte sie kaum hinter sich geschlossen, als ich anläutete. Er öffnete mir.

Ich war entschlossen, alles auf eine Karte zu setzen. Übrigens hatte ich ja gar keine andere Wahl. Die Notwendigkeit, mich zu verstecken, war gewichtiger als jede andere Überlegung. In dem kleinen Speisezimmer, in dem ich meinem Gastgeber gegenübersaß, vertraute ich mich ihm an, erzählte ihm meine Geschichte, sprach über die Résistance. Ich wollte ihn überzeugen, bemühte mich, ihn zu rühren. Er hörte mir zu, die klaren Augen auf mich gerichtet. Ich hatte noch nicht geendet, als seine Frau heimkam, auch sie kam von der Arbeit. Ich musste sie überzeugen, da sie ja über mein Schicksal entscheiden würde. Sie erhob keine Einwände, merkte aber an, dass dies äußerst gefährlich sei. Mehr als ein Mal hatten die Deutschen das Haus schon durchsucht. Das Paar hatte einen Sohn, der in Kriegsgefangenschaft war, und eine in Lyon verheiratete Tochter. Alle beide wussten, was die Résistance war, hörten Radio London. In der tapferen und harten Welt der Eisenbahner erweckte die Arbeit im Untergrund Sympathie, traf auf geheimes Einverständnis und auf Opferbereitschaft. Man wies mir ein kleines Zimmer im Haus zu. Dort verbrachte ich den Tag, die Nacht, den nächsten Tag.

Zu Mittag warnte mich mein Gastgeber, dass die Suche weitergeführt werde. Alle Eisenbahner waren befragt worden. Möglicherweise würden die Häuser der Eisenbahner durchsucht. Ich wollte mich in der Nacht davonmachen.

Ich begriff, welche Gefahr ich für meine Gastgeber darstellte. Hatte ich denn das Recht, Leben oder Freiheit anderer Menschen aufs Spiel zu setzen?

Am Abend des 13. Juli, gegen zehn Uhr, befand ich mich auf einer wenig frequentierten Straße, die aus der Stadt hinausführte. Der Eisenbahner hatte mich selbst dorthin geführt, nachdem er zuvor festgestellt hatte, dass es keine

Sperre gab. Ich drückte ihm die Hand. Mir standen Tränen in den Augen und ich glaube, er weinte auch. Er wünschte mir viel Glück und verschwand.

Ich ging mehrere Stunden durch die Nacht. Ein Lastwagen tauchte auf und rollte sehr langsam in dieselbe Richtung wie ich. Seine Langsamkeit beruhigte mich, es konnte sich nur um ein Zivilfahrzeug eines Händlers handeln, der über alle Zeit der Welt verfügte. Ich hielt es auf. Ein Fahrer, an dessen Gesicht ich mich kaum mehr erinnern kann – im Schatten der Kabine war es übrigens kaum zu erkennen –, forderte mich auf, mich neben ihn zu setzen und brachte mich nach Dijon. Weiter fuhr er nicht. ich weiß nicht mehr, was wir miteinander sprachen. Der Mann schien nicht überrascht zu sein, auf der Landstraße einen Burschen zu treffen, der um ein Uhr morgens ein Auto anhielt. Übrigens sprach er wenig. Er setzte mich, kaum, dass der Morgen graute, an der Stadteinfahrt ab und fuhr davon.

Ich flüchtete mich zunächst einmal in eins jener sehr früh geöffneten Cafés, wo die Menschen sich einfinden, die im Morgengrauen zu arbeiten beginnen. Ich wartete dort darauf, dass die Geschäfte öffneten, dann schlenderte ich durch die Straßen. Ich sah einen Friseur, der das Gitter vor seinem Geschäft hinaufkurbelte, trat bei ihm ein, ließ mich rasieren, ließ mir die Haare schneiden. Ich erinnere mich an das Gefühl von Sicherheit, das ich empfand, während der Friseur sich mit mir beschäftigte. Die Gefahr schien vorbei. Mein mitteilsames, fröhliches Naturell gewann wieder die Oberhand. Ich plauderte lustig mit dem Friseur. Nach diesen angstvollen Tagen und schlaflosen Nächten glaubte ich ein normales Leben wiedergefunden zu haben.

Als ich den Laden verließ, wusste ich nicht, was ich tun sollte. Ich musste möglichst rasch zurück nach Paris, aber wie? An der ersten Kreuzung sah ich mich plötzlich von drei Männern in Zivil umringt.

„Ihre Papiere!"

Keine Möglichkeit, ihnen zu entwischen. Ich erblasste. Ich zog zögernd meine Brieftasche heraus. Meine Papiere waren echt. Ich hatte nicht daran gedacht, mir eine falsche Identität zuzulegen. Wozu auch?

„Sie sind aus Paris? Was machen Sie in Dijon?"

Der raue Akzent des Mannes ließ keinen Zweifel. Ich versuchte stammelnd irgendetwas zu erklären. Sie ließen mir keine Zeit dazu.

„Mitkommen!"

Ich protestierte halbherzig. Sie zerrten mich mit. Unter der Jacke des Mannes, der mich befragt hatte, tauchte der Kolben einer Pistole auf. Ein Wagen wartete in hundert Metern Entfernung. Sie mussten aus ihm ausgestiegen sein, als sie mich bemerkten. Ich stieg ein, unter Stößen und Püffen, weil ich mich zu wehren versuchte. Der Wagen fuhr los. Ich weiß nicht mehr, wie lange die Fahrt dauerte oder vor welchem Gebäude wir stehenblieben. Ich versuchte, mir ein Verteidigungssystem auszudenken. Man ließ mich eine Treppe hinaufsteigen, einen Gang entlang gehen und dann wurde ich in eine Zelle gesteckt.

Ich hörte, wie sich der Schlüssel im Schloss drehte. Dort ließ man mich, ohne Essen, ohne Trinken, den ganzen Tag und die ganze Nacht.

KAPITEL II

DIE ZEIT DER FOLTER

W as sich bei meinen Vernehmungen abspielte, wissen alle Résistance-Kämpfer, die in deutscher Gefangenschaft waren. Die Gestapo hat die „peinliche Befragung" gewiss nicht erfunden. Sie hat sie nicht vervollkommnet. Aber sie verlieh der Folter einen besonderen Stil. Der deutsche Folterer war in der Mehrzahl der Fälle ein Sadist, der als solcher ausgewählt oder dazu ausgebildet worden war. Wer immer es mit Leuten von der Gestapo oder der SS zu tun bekam, begriff dies. Sie schlugen, um Geständnisse zu bekommen, was ihnen nicht besser und nicht schlechter gelang als irgendwelchen anderen Polizisten, aber vor allem und noch viel mehr schlugen sie aus Freude am Schlagen. Niemals sah ich bei ihnen die kleinste Regung des Mitleids oder auch nur den Schatten eines Skrupels. Sie ergötzten sich am Leiden ihres Opfers, strengten ihren Verstand an, um ihr Opfer zu erniedrigen und entwürdigen, krümmten sich vor Lachen, wenn sie mit Faustschlägen die Würde eines Menschen zerbrochen hatten, wenn sie ihn gezwungen hatten, auf dem Boden zu kriechen und zu winseln. Hitlers Deutschland hatte tausende solcher Peiniger herangebildet. Man stelle sich vor, was das Deutsche Reich mit dieser Armee in einer unterjochten Welt angestellt hätte…

Am Tag nach meiner Gefangennahme überstellte man mich nach Chalon-sur-Saône, also an den Schauplatz meiner mutmaßlichen Heldentaten. Wenn die Gestapo nämlich auch überzeugt war, dass ich der „Terrorist" mit dem Koffer war, so hatte sie doch keinen Beweis dafür. Ich hielt kühn die Behauptung aufrecht, ich sei ein Jude auf der Flucht in die freie Zone und ich sei, direkt aus Paris kommend, in Dijon ausgestiegen, um jemanden zu finden, der mich über die Demarkationslinie schleusen könnte. Man hatte mich durchsucht, ohne Ergebnis. Ich hatte darauf geachtet, die Fahrkarte, die ich am Bahnhof von Chalon gekauft hatte, sowie den Gepäckschein verschwinden zu lassen. Die relativ hohen Geldbeträge, die ich bei mir trug, waren dazu angetan, die Behauptung glaubwürdig erscheinen zu lassen, ich wolle mich freiwillig ins Exil begeben: Geld war nötig, um über die Grenze zu gelangen.

Man glaubte mir nicht. Zu viele Indizien sprachen gegen mich und die Polizei verstand es gut, sich meine Gefangennahme zunutze zu machen und mich zum Reden zu bringen. Ich würde doch keine Pistolen nur zum eigenen Gebrauch transportieren; ich musste einer Gruppe angehören. Das Hauptinteresse bestand also darin, von mir Namen und Adressen zu bekommen, um einige Ketten-Denunziationen auszulösen. Mehr brauchte es nicht, um ein Netzwerk völlig zu zerstören.

In unserem Widerstandsnetzwerk wussten wir, was Folter bedeuten konnte und welche Gefahren für alle Gruppenmitglieder die Gefangennahme eines einzigen Gruppenmitglieds mit sich brachte. Die bereits erlittenen Verluste waren schwerwiegend. Wir hatten daher seit langem versucht, diese Gefahren zu beschränken, indem wir die Berührungspunkte zwischen uns auf ein Minimum reduzierten. Ich kannte nur wenige Kameraden. Zudem war vereinbart, dass immer, wenn einer von uns von einer gefährlichen Mission nicht zurückkehrte, die anderen nach einer gewissen Frist zwingend ihren Wohnort und ihre Identität wechseln mussten. Bevor ich nach Neuville-sur-Ain aufgebrochen war, hatten wir die Sicherheitsfrist für dieses Mal auf drei Tage festgelegt. Da diese Frist verstrichen war, hatte ich einige Ursache anzunehmen, dass meine Kameraden sich versteckt hatten.

Ich beschloss, mich anständig zu benehmen, und es ist mir gelungen. Aber aus ganzem Herzen verstehe und entschuldige ich die Unglücklichen, die der Marter unterlagen. Während der ersten vierzehn Tage meines Aufenthalts in Chalon-sur-Saône wurde ich sieben- oder achtmal verhört. Mir bleibt die scheußliche Erinnerung an einen Hagel von Faustschlägen, von Fußtritten, von kräftigen Schlägen mit einem Gummiknüppel, und einem eisernen Lineal, immer begleitet von Gebrüll, von zotigen Beschimpfungen, hysterischem Gelächter, Kommentaren zu Deutschlands Kriegstaten und Kriegszielen. Wenn es mir gelungen ist, nichts zu verraten und mich strikt an mein Verteidigungssystem zu halten, so verdanke ich das vielleicht meiner Ausbildung zum Berufsboxer, dem automatischen Einsatz von Reflexen, mit denen man abwehrt, geschickt ausweicht oder Treffer abdämpft, der Gewöhnung an den Schmerz, wie man sie beim Boxkampf im Ring erwirbt, vielleicht auch der Haltung des Boxers, der nur dann ein echter Boxer ist, wenn er halsstarrig ist, in seinem Widerstand nicht nachlässt, sich bis zuletzt weigert, sich besiegt zu geben. Meine Peiniger kannten meine Vergangenheit als Boxkämpfer aus meinen Aussagen und aus einigen Dokumenten, die man in meiner Brieftasche gefunden hatte. Sie erschienen darüber erfreut zu sein. Zur sadistischen Lust des Schlagens gesellte sich sportlicher Ehrgeiz. Sie versuchten sich in Haken und Uppercut, holten Schwung, zielten auf Kinn und Magen, gaben sich mit geringem Aufwand der Illusion sportlicher Erfolge hin, ohne mir freilich zu erlauben, mich zu verteidigen.

Sie streckten mich nicht gleich am ersten Tag völlig nieder, sondern hielten es für gut, bei der Folter eine systematische Steigerung einzuhalten.

Das erste Verhör verlief so ziemlich ohne Schaden. Es ging darum, meine Identität zu erfassen und die Gründe klarzulegen, die mich nach Dijon geführt hatten. Ich erklärte ruhig, ich wollte die Demarkationslinie überqueren, um in die freie Zone zu fliehen. Ich beantwortete Fragen zu meiner

Familie, meiner Militärvergangenheit, meinen beruflichen Tätigkeiten. Ich bestritt aufs Entschiedenste, irgendwelche Verbindungen zur Résistance zu haben, erklärte, ich hätte nie einen Fuß nach Chalon gesetzt. Die Wache, die mich zum Verhör führte, gab mir ein paar kräftige Ohrfeigen, aber der Polizist, der mich befragte, beharrte nicht weiter. Ich war sehr überrascht, dass man mich nicht mit Leuten konfrontierte, die mich am Bahnhof vielleicht gesehen hatten. Man nahm offenbar an, dass kein Anlass bestand, mit Formalitäten dieser Art Zeit zu verschwenden, und dass ein paar Grobheiten schon ausreichen würden, um von mir Geständnisse und Denunziationen zu bekommen.

Man führte mich zurück in die Zelle, wo ich eine unruhige Nacht verbrachte, trotz meines übergroßen Schlafbedürfnisses. Für lange hatte ich nun die Fähigkeit verloren, so friedlich zu schlummern, wie man das mit 23 Jahren gewöhnlich tut.

Am nächsten Tag ging es am frühen Nachmittag zurück in das Gebäude, in dem die Gestapo ihren Sitz hatte.

Der Polizist war nicht mehr allein. Zwei weitere Gestapo-Leute standen ihm zur Seite. Gemeinsam prüften sie die Bestandteile einer Akte und lange ließen sie mich vor sich stehen, als wäre ich Luft. Von Zeit zu Zeit wechselten sie auf Deutsch einige Worte, die ich trotz meiner (leidlichen) Kenntnis dieser Sprache sehr schlecht verstand. Dies lange Warten erschütterte natürlich meine Widerstandskraft, da es in mir eine immer unerträglichere Angst heranwachsen ließ. Endlich hob der, der mich am Vortag befragt hatte, seine Augen zu mir. Der massive Kopf eines gut genährten Mannes, Bürstenhaarschnitt, schwerer Blick. Er sprach ein ziemlich korrektes Französisch, aber mit einem so starken Akzent, dass manche Worte dadurch entstellt wurden und ich ihren Sinn nur erraten konnte.

Er begann, in maßvollem Ton zu sprechen, erklärte mir, die Freischärler stellten sich außerhalb der Kriegsgesetze und die deutschen Streitkräfte seien es sich schuldig, sie mit größter Strenge zu verfolgen; übrigens sei ihr Tun vergeblich und hoffnungslos, der Sieg des Deutschen Reichs könne von niemandem in Zweifel gezogen werden; ich täte unrecht daran, einen terroristischen Akt zu leugnen, den ich durchaus, trotz all meiner Lügen, begangen hätte, und hier – er schlug mit der flachen Hand auf die Akte – hier habe er alle Beweise für meine Schuld. Normalerweise müsste man mich also erschießen, aber er versicherte mir, mein Leben werde geschont, wenn ich meine Komplizen nennen würde.

Er beteuerte, das Deutsche Reich nehme allergrößte Rücksicht auf den guten Willen französischer Patrioten, wenn diese bereit seien, die militärischen Ziele Deutschlands zu unterstützen statt sie zu hintertreiben. So sprach er recht lange. Ich versuchte ihn mehrfach zu unterbrechen, um meine Unschuld zu beteuern, aber er befahl mir ungeduldig, zu schweigen. Ich hatte den Eindruck, dass er sehr stolz war, sich mit solcher Geläufigkeit des Französischen bedienen zu können, und dass er versuchte, vor seinen Kollegen zu brillieren.

Ich leugnete. Ich nahm wieder meine Erklärungen des Vortags auf, doch sie gingen ins Leere. Die Männer unterhielten sich wieder auf Deutsch. Schließlich kamen sie lässig näher.

„Du willst also nicht reden?"

Diese Frage stellten sie mir mehrfach, und dann hagelten plötzlich Fäuste auf meinen Kopf. Die ersten Schläge hallten laut in meinem Schädel wider und instinktiv versuchte ich, mich zu verteidigen, aber ich trug Handschellen.

Im Übrigen wechselten sich die drei Männer ab, jeder zielte auf den Punkt, den ich ohne Deckung ließ, weil ich mich gegen einen anderen schützen musste. Ich war ein Hampelmann, den sie einander zuwarfen, wobei sie fröhlich lachend auf mich einschlugen.

Dieser erste Termin dauerte nicht lange. Die Peiniger gönnten mir übrigens auch Pausen, wechselten ein paar Worte, stellten mir dann nochmals dieselbe Frage.

„Du willst nicht reden?"

Und der Hagel von Faustschlägen setzte wieder ein, ins Gesicht, in den Magen, in die Rippen, verziert mit kräftigen Stiefeltritten. Als diese Bestien mich losließen, war mein Gesicht verwüstet, meine Augenbrauen aufgeplatzt und blutig, die Lippen zerschnitten, die Lenden zerschlagen. Ich konnte nur mühsam gehen. Man führte mich in die Zelle zurück.

Am nächsten Tag nahm der Polizist zur selben Stunde und mit ziemlich denselben Worten seine Rede wieder auf. Er schloss damit, dass die vergangene Nacht gewiss zur Einsicht geführt habe und er sich nun darauf vorbereite, mein Geständnis aufzunehmen.

Er wusste genau, was er sagte. Schläge tun nicht so sehr in dem Moment weh, in dem man sie bekommt. Sondern später. Die Stunden verstreichen, der zerschlagene Körper wird steif und unbeweglich, sucht vergeblich nach einer Ruheposition und quält sich dabei, denn die geringste Bewegung lässt einen aufstöhnen. In der langen Nacht, in der es nur kurze Augenblicke des Schlafs gibt, wächst beim Gedanken an den herannahenden nächsten Tag die Angst. Es ist nicht der Tod, den man fürchtet, es ist das Leiden, von dem man ahnt, dass es noch schlimmer sein wird als das gegenwärtige Leiden, verbunden zudem mit Verstümmelungen, mit irreparablen organischen Schäden. Außerdem hat man das entsetzliche Gefühl, völlig allein zu sein, verloren, verlassen, elend, ohne die allerkleinste Hoffnung auf Hilfe und Entkommen. Wenn man so ausgestreckt auf der Pritsche in der Zelle liegt, wie ein verletztes Opfertier, das hier verenden wird, schleicht sich die Versuchung, zu reden, in die Gedanken, schleicht sich ein und kehrt hartnäckig zurück, die Versuchung, zu reden, einen Namen zu sagen einen einzigen, den unbedeutendsten Kameraden zu denunzieren. Oder den, den man am wenigsten mag. Eine heimtückische und nörglerische Versuchung, die Argumente anhäuft, sich aus dem unvermeidlichen Selbstmitleid speist, wenn einem Tränen in die Augen treten und man daran denkt, wie unendlich groß das Opfer ist, zu dem man sich verpflichtet hat.

Der moralische Widerstand gefolterter Gefangener sinkt selbst bei den stärksten bisweilen auf null, wenn man an die persönliche Sicherheit denkt, die man verloren hat, ans Zuhause, an die Mutter, an die geliebte Frau, an die Süße des Lebens, und dass man all das ja vielleicht wiederfinden könnte. Vielleicht hätten mir die Peiniger ja Geständnisse entlockt, wenn sie auf die Idee gekommen wären, nachts zu kommen und einen dieser Augenblicke der Verlassenheit auszunutzen, in denen ich über mich selbst weinte.

Am Morgen hatte ich mich dann wieder gefangen. Vor ihnen stehend, schienen mir neue Kräfte zuzuwachsen. Der Schrecken der Schläge konnte das Auflodern des Stolzes nicht verhindern, konnte die Revolte des Gewissens gegen die Schändlichkeit einer Denunziation nicht niederschlagen. Während der Deutsche wieder mit seiner Predigt begann, biss ich die Zähne zusammen und sagte immer wieder ganz leise zu mir: „Ich werde nicht reden, ich werde nicht reden..." In diesem Augenblick denkt man daran, wie rücksichtslos das den anderen gegenüber wäre, welch unerträgliche Reue ein Moment der Schwäche nach sich ziehen würde, man denkt an die lebenslange Scham.

Die Lawine der Schläge setzte ein, wie am Tag zuvor, sie dauerte aber länger an. Um sich zur Gewalt aufzustacheln, beschimpften mich die drei Männer lautstark, während auch ich brüllte. Sie beschimpften mich in beiden Sprachen – die Verunglimpfungen in deutscher Sprache mochten noch schmutziger und obszöner gewesen sein als die in französischer Sprache. Ich achtete in diesem Augenblick kaum darauf, war nur damit beschäftigt, die Schläge, die mich trafen, so gut wie möglich abzudämpfen. Aber ich steckte immer schlechter ein und mein extrem angespannter Wille erlahmte. Ich nahm alles durch einen Nebel wahr und begann, mich aufzugeben. Da hörten sie auf, weil ihre

Fäuste nun auch zerschlagen waren. Sie bewaffneten sich mit eisernen Linealen und schlugen mir damit aufs Gesäß, nachdem sie meine Brust auf den Tisch gedrückt, den Körper im rechten Winkel gebeugt, die Hose heruntergezogen hatten. Immer noch begleiteten sie ihre Schläge mit Ermahnungen und Beleidigungen. Mein Gebrüll schwoll immer mehr an, da fühlte ich, dass ihre Schläge mein Fleisch zerrissen und ich verlor wohl das Bewusstsein, denn als ich mich wieder wahrnahm wurde ich aus dem Zimmer geschleift, das Gesicht triefend von dem Wasser, das man über mich gegossen hatte, um mich wieder zu Bewusstsein zu bringen.

Bei einem der folgenden Verhöre holten die Folterer sich Verstärkung. Nun waren es ein halbes Dutzend, die mich schlugen. Sie warfen einander meinen Körper mit Fausthieben zu, lachend und rufend, als spielten sie mit einem Ball. Und tatsächlich musste mein Gesicht einem Ball geähnelt haben, so angeschwollen war es durch die Schläge.

Beim letzten Verhör steckten sie mir die Enden von Streichhölzern unter die Nägel und spickten mich mit kleinen Messerschnitten, gerade ausreichend, um kleine Knopflöcher in der Haut zu öffnen und Blut hervorquellen zu lassen. Sie hatten mir mein Hemd ausgezogen und suchten auf meiner Brust empfindliche Stellen. Jeden Augenblick kündigten sie mir an, sie würden mich erstechen oder mich dem Erschießungskommando überstellen, wenn ich darauf bestünde, mich *kaputt, kaputt*[4] zu schweigen. In ihren Äußerungen ging alles *kaputt* vor dem großen Deutschland, Franzosen, Russen, Engländer, Amerikaner, Kommunisten, Juden. Lange Zeit weigerten sie sich, mich für einen Juden zu halten, trotz meiner wiederholten Beteuerungen, wohl wegen meines Aussehens, das recht genau dem Typ des blonden Ariers entsprach, wie er von den Nazi-Theoretikern beschrieben worden war. Sie mussten sich der Wirklichkeit

---

4   Kursiv gedruckte Wörter sind auch im Original in deutscher Sprache geschrieben, oftmals in Lautsprache, wie hier beispielsweise „kapout".

beugen. Wenn ich ihre Reaktionen heute zu analysieren versuche, gebe ich zu, dass mein Jüdischsein mir paradoxerweise das Leben gerettet hat, denn ihr Interesse an diesem nun banalen Fall eines Geächteten, der in die freie Zone fliehen wollte, erlosch schlagartig. Sonst hätten sie mich zu Tode gefoltert. Sie hatten wahrscheinlich auch wichtigere Probleme zu lösen, hatten andere Gefangene zu vernehmen. Ich wusste, dass das Gefängnis voll war.

Ich verließ zum letzten Mal diesen Raum, halb ohnmächtig, von zwei Wächtern gezogen und getragen, von Kopf bis Fuß mit Wasser besprengt, blutüberströmt. Tief in meiner Verzweiflung gab es für Augenblicke einen Schimmer Freude, eine ironische Befriedigung. „Ich hab sie reingelegt. Sie haben mich fertiggemacht, aber ich hab sie reingelegt." Ein bisschen wie ein Boxer nach einem schwierigen Kampf, groggy, aber siegreich. Jedoch befand ich mich in einem Zustand körperlicher Zerrüttung, den ein Boxer nicht erreicht. Das Gesicht verschwollen, zerfetzt von Wunden, die Augen beinah geschlossen, weil sie von den Erschütterungen so stark angeschwollen und zerschlagen waren, sodass ich nicht mehr sehen konnte, der Körper von Blutergüssen übersät, mit eiternden Verletzungen. Die Prügel mit dem eisernen Regal hatten nicht nur Striemen auf dem Gesäß hinterlassen, die mich am Sitzen hinderten, sondern auch die Hoden anschwellen lassen, die riesengroß und blau und entsetzlich empfindlich geworden waren.

In diesem Zustand wurde ich in meine Zelle zurückgebracht, wo man mich in Ruhe ließ. Ich war zwei Wochen lang durch die Hölle gegangen, aber ich hatte ausgehalten. Auf die Dauer hatte ich mich sogar daran gewöhnt. Die Schläge hatten nicht mehr wehgetan, weil sich der Körper daran gewöhnt hatte oder weil die Nerven völlig erschöpft waren. Ich fühlte nur mehr die große Erschütterung, die sie hervorgerufen hatten, sonst trieb ich in einem Zustand halber Ohnmacht, aus dem mich meine Peiniger nicht mehr herauszuzerren vermochten.

Von dem Augenblick an, als ich die Gewissheit hatte, dass keine Schläge mehr zu fürchten waren, kehrte ich langsam ins Leben zurück. Ein junger und kräftiger Körper gibt nicht so leicht nach, umso mehr, als ich damals noch jungenhafte Unbekümmertheit besaß. Plötzlich begann ich, für mich allein zu lächeln, weil ich mich so gut aus der Schlinge gezogen hatte. Es wurde immer wahrscheinlicher, dass die Gestapo meine Akte vorläufig geschlossen und eine endgültige Entscheidung auf später verschoben hatte. Es schien, dass sie Dringenderes zu tun hatten. Der Verdacht, dass man das Interesse an mir verlor, wurde zur Gewissheit, als ich ins Gefängnis von Dijon überstellt wurde.

Meine neue Unterkunft erschien mir, verglichen mit den Gestapo-Zellen, ganz annehmbar. Ich fand dort den durchschnittlichen Komfort französischer Gefängnisse, mit einem Strohsack und einer hinreichenden Waschgelegenheit. Seit vierzehn Tagen hatte ich mich nicht gewaschen, seit vierzehn Tagen hatte ich fast nichts gegessen, waren meine Wunden nicht versorgt worden. Der leichte Anzug aus Tuch, mit dem ich Paris verlassen hatte, war in einem traurigen Zustand, mein Hemd und meine Unterwäsche zerrissen und abstoßend schmutzig. Ich ging mühsam und schleppend, gebeugt, und jeder Schritt ließ mich aufstöhnen.

Als ich im Gefängnis ankam, war ich überrascht, dort ein menschliches Wesen in deutscher Uniform zu finden. Ein Soldat der Reserve, erst kürzlich nach Frankreich gekommen und hier als Wachmann eingesetzt. Er war vielleicht 45 Jahre alt. Wahrscheinlich sah er zum ersten Mal einen Résistance-Kämpfer, der der „Stockstrafe" unterzogen worden war. Ich könnte mir vorstellen, dass seine Empfindsamkeit später abstumpfte, doch als er mich sah, schien er wirklich entsetzt. Ich war abscheulich anzusehen, mit meinen Wunden, meinem angeschwollenen Gesicht, dem getrockneten Blut, das meine Kleidung befleckte. Während meiner etwas über zwei Monate dauernden Haft in Dijon zeigte sich dieser Mann mir gegenüber freundschaftlich und hilfsbereit. Er wusste, dass ich ein wenig Deutsch sprach und gewann mich lieb. Ich glaube, dass die Zuneigung, die er mir entgegenbrachte, ihre Erklärung in seinen väterlichen Sorgen fand: sein Sohn war an der russischen Front. Es war die Zeit, als die Wehrmacht im Osten schwere Verluste erlitt und Rückschlag auf Rückschlag hinnehmen musste. Es war auch die Zeit, in der die deutschen Truppen in der Schlacht von El Alamein unterlagen und Rommel sich vom nordafrikanischen Kriegsschauplatz zurückzog.

Über diese Ereignisse wussten alle Bescheid. Unsere Gruppe von Untergrundkämpfern verfolgte mit leidenschaftlicher Aufmerksamkeit die Kriegsereignisse und bezog ihre Informationen aus guter Quelle. Bereits bevor ich zu meiner Expedition in die freie Zone aufgebrochen war, schienen die Deutschen die Partie verloren zu haben, denn es war klar, dass ihre maßlose Expansion durch Waffengewalt allein nicht aufrecht zu halten war. Ihre einzigen Verbündeten waren die Italiener, die sie aber in Afrika nicht unterstützen konnten, und die für die ersten Niederlagen der deutsch-italienischen Achse verantwortlich waren. Die Niederlage vor Moskau hatte den Mythos der unbesiegbaren Wehrmacht zerbrechen lassen. Nun wusste die Welt, dass der Blitzkrieg vorbei war, dass die Gegenwehr mit jedem Tag größere Wirkung entfaltete und dass die deutsche Armee sich in eine lange Auseinandersetzung verstricken würde, die in Anbetracht der ungeheuren Masse von Streitkräften, die ihr die Stirn boten, ihr Untergang sein würde.

Ich habe niemals an diesem Ausgang der Ereignisse gezweifelt und dieses Vertrauen verstärkte meine Widerstandskraft. Der alte, deutsche Soldat, der Mitleid mit mir hatte, war kein fanatischer Hitler-Anhänger. Er war weder für noch gegen ihn, wie viele Veteranen des Ersten Weltkriegs, war nicht mehr jung genug, dass Propaganda und Eingliederung in verschiedene Vereinigungen große Wirkung taten, war keiner pazifistischen oder marxistischen Ideologie hinreichend verpflichtet, um sich gegen den

Nationalsozialismus zu stellen. Er dachte wie alle Deutschen, die Hitlers Reden hörten, seine Erfolge bejubelten und voller Unruhe und Misstrauen seine Niederlagen zur Kenntnis nahmen, jedenfalls aber ans Gehorchen gewöhnt und ihrem Heimatland mit Inbrunst ergeben waren. Mehr als ein Mal gab er mir zu verstehen, dass er nicht sicher war, ob sein Land siegen würde. Er sagte, er habe bereits einmal eine Niederlage erlebt und jetzt könne es noch schlimmer kommen.

Ich habe den Namen dieses Soldaten vergessen. Heute würde ich ihn gern wiedersehen, wenn er denn noch lebt, und ihm danken. Nach Einbruch der Nacht kam er in meine Zelle und verbarg in seiner Tasche, was er an Nahrungsmitteln hatte finden können, meist etwas, was er von seiner eigenen Mahlzeit abgezweigt hatte.

Vom ersten Tag an pflegte er mich, voller naiver Empörung darüber, dass sie nicht daran gedacht hatten, mich auf die Krankenstation zu bringen. er war noch nicht gewöhnt an die Barbarei der Nazis. Er hatte sich Verbandsmaterial besorgt und nachts zog er mich aus, um meine eiternden Wunden zu reinigen. Ich sehe noch, wie er mir den Puls misst oder mir die Hand auf die Stirn legt, um herauszufinden, ob ich Fieber habe. Ich will wohl glauben, dass er nur ein ganz kleiner Bediensteter ohne jegliche medizinischen Kenntnisse war, doch er pflegte mich mit aufmerksamster Hingabe. Er tat mir wohl, vielleicht mehr noch durch seine Freundschaft als durch die medizinische Behandlung. Nach etwa zehn Tagen gab es beinah keine offensichtlichen Spuren der Martern mehr, die man mir zugefügt hatte. Mein Gesicht hatte wieder sein normales Aussehen angenommen, meine Wunden waren vernarbt. Ausreichende Nahrung, die ich dank des Bemühens meines Wächters erhielt, verschaffte mir rasche Erholung. Die Gefängniskost war von dürftiger Qualität, aber relativ reichlich. Ich gelangte recht bald wieder zu meinem normalen Gewicht. Was von dem, was ich erlitten hatte, noch geblieben war, war eine nervliche Zerrüttung, die sich nicht so leicht auflösen ließ. Ich konnte nicht mehr normal denken. Mitten in einem Gespräch mit meinem Wächter wurde ich plötzlich von einer Angst angefallen, die beinah den Charakter einer Halluzination annahm und mich zittern ließ. Es schien mir, die Tür würde sich plötzlich öffnen, um meine Peiniger einzulassen, und mit ihnen Gebrüll und Schläge. Ich mochte mich noch so sehr zur Vernunft mahnen, die Angst überflutete mich, meine Zähne schlugen aufeinander, Schweiß bedeckte mich. Der rechtschaffene Mann, der meinen Aufruhr sah, bemühte sich dann, mich zu beruhigen, er sagte, der Krieg werde bald enden und wir würden wieder nach Hause zurückkehren. Oft betrachtete er mich lange schweigend, dann seufzte er und ging fort.

Er sprach nur Deutsch, aber es gelang uns recht gut, uns zu verständigen, denn ich konnte ein klein wenig Deutsch und verbesserte meine Kenntnisse im Kontakt mit ihm. Er erzählte mir, an welchen Feldzügen er 1914-1918 teilgenommen hatte, fast immer an der französischen Front, welche Verwundungen er erlitten hatte, in welchen Spitälern er gewesen war. Er zeigte mir Fotos von seiner Frau, von seinem Sohn, der an der russischen Front stand, von seinen beiden Enkeltöchtern. Zwischen diesem Mann und mir lag gewiss eine Welt von Unterschieden. Nationalität, Rasse, Alter, Temperament – alles war verschieden. Er war ebenso diszipliniert und ruhig wie ich ungeduldig war. Und doch fühlten wir uns merkwürdig zueinander hingezogen, und diese wechselseitige Wertschätzung ließ nicht einen einzigen Tag lang nach. Vielleicht lag die einzige Ursache für diese Wertschätzung nur in der Empörung, die ihn ergriff, als er mich so zerschlagen sah. Er verstand nicht, dass man einen wehrlosen Menschen schlagen konnte. Als er erfuhr, dass man mir die Haut mit der Spitze eines Messers zerkratzt und Zündhölzer unter meine Nägel gesteckt hatte, verbarg er seinen Zorn nicht. Er erklärte mir, dass ein echter Deutscher so etwas nicht tun könne, dass man das Ansehen der Deutschen in den Augen anderer Völker nicht auf diese Weise besudeln dürfe. Es lag ihm nichts daran, herauszufinden, womit ich eine solche Behandlung verdient haben mochte, und seine freundschaftlichen Gefühle schienen nicht im Mindesten abzukühlen, als ich ihm meine Herkunft enthüllte. Bis zum Schluss war er von schlichter Herzlichkeit und Hilfsbereitschaft.

Während der drei Monate, die ich im Gefängnis von Dijon verbrachte, hatte ich Gelegenheit, mich mit Franzosen zu unterhalten, die aus unterschiedlichen Gründen in Haft waren. In der Zelle, in die man mich warf, gab es bereits einen Kameraden namens Weiss, der der erste Gefährte meiner Gefangenschaft war. Er war aus dem Elsass geflohen und wurde beim Überschreiten der Demarkationslinie verhaftet. Später wurde er gezwungen, in die deutsche Armee einzutreten. Man schickte ihn an die russische Front, wo er getötet wurde. Einige Jahre später besuchte ich seine Familie. Man erzählte mir, dass er sich freiwillig geopfert hatte. Er wollte sich lieber erschießen lassen, als für die Deutschen zu kämpfen.

Vier Tage nach meiner Ankunft verhaftete man Vinaucourt, auch ihn, als er die Demarkationslinie zu überqueren versuchte, um sich den FFL[5] anzuschließen. Ich lernte ihn während des kurzen Freigangs am Abend kennen, bei dem wir im Gänsemarsch durch den Gefängnishof marschierten. Durch Zufall standen wir in der Reihe der Gefangenen hintereinander. Ich sollte ihn in der gestreiften Häftlingsuniform im Lager Jaworzno wiedertreffen.

Ich durfte Briefe schreiben. Diese Briefe gingen durch die Hände von Zensoren, die darin irgendwelche Hinweise zu entdecken versuchten, aber sie erreichten ihr Ziel. Meine Eltern antworteten mir. Ich erhielt von ihnen einige Pakete, die mir dabei halfen, wieder zu Kräften zu kommen. Durch einige Anspielungen in ihren Briefen wusste ich, dass sie das Résistance-Netzwerk gewarnt hatten.

---

5   FFL ist eine Abkürzung für „Forces françaises libres", also „freie, französische Truppen", die nach der Niederlage Frankreichs im Juni 1940 an der Seite der Alliierten aus dem Untergrund gegen das nationalsozialistische Deutschland kämpften.

Man hatte mir die Sachen weggenommen, die ich bei meiner Verhaftung bei mir getragen hatte. Ein wenig mehr als 10.000 Francs – alles, was ich besaß. Die Hälfte davon hatte ich in einem Brillenetui versteckt. Der Polizist, der mich durchsuchte, öffnete das Etui, konfiszierte das Geld und ohrfeigte mich. Zu meinem großen Erstaunen erhielt ich aber mein Geld zurück, als ich das Gefängnis verließ. Es war mir von großem Nutzen, als ich nach dreimonatiger Gefangenschaft mit dem Zug wieder nach Paris fuhr.

KAPITEL III

DRANCY

Ende Oktober kam der Befehl zum Aufbruch. Ein uniformierter Sekretär, der ein schlechtes Französisch radebrechte, ließ sich die Tür meiner Zelle aufsperren und teilte mir mit, ich würde am nächsten Morgen überstellt und solle mich bereithalten. In der Hand hielt er Papiere mit vielen Stempeln.

„*Nach Paris*", sagte er und verließ mich ohne weitere Erklärungen.

Ich blieb verdutzt zurück, fragte mich, ob man mich vielleicht freilassen wolle, war aber doch zu vorsichtig, um mich solchem Optimismus zu überlassen. Lange wendete ich in meinem Kopf die Neuigkeit hin und her und versuchte, ihre Auswirkungen einzuschätzen. Zwischen einer Freilassung, die unwahrscheinlich war, und einem Exekutionskommando gab es Platz für allerlei Hypothesen.

Ich vertraute mich meinem Zellengefährten an. Er wusste auch nicht mehr als ich. Ihm ging vor allem durch den Kopf, dass er nun allein zurückbleiben würde und das bedrückte ihn. Freundschaften, die in der Gefängniszelle geschlossen werden, gehen zu Herzen.

Abends kam mein rechtschaffener Wächter mit einem sorgfältig verschnürten Päckchen. Er hatte sich erkundigt. Er brachte mir Proviant für die morgige Reise. Meine Angelegenheit war einem Gericht vorgelegt worden, das solche Prozesse rasch erledigen sollte: Man hatte mich zur Deportation verurteilt, aber als Jude musste ich zuerst in Drancy interniert werden, wo die Zugtransporte zusammengestellt wurden.

Das war deutsche Logik. Mangels Geständnis konnte man mich nicht als Partisan schuldig sprechen, aber als Juden konnte man mich immer noch zu einem langsamen Tod verurteilen. In dem einen Fall wie in dem anderen hatte ich jedes Recht auf Leben verloren.

Ein beachtlicher Aufschub. Nicht sofort zu sterben heißt für einen jungen, kräftigen und fröhlichen Mann, mit dem zu leben, was dies an verborgenen Möglichkeiten und unvorhersehbaren Ereignissen birgt: Flucht, Niederlage der Deutschen, Landung der Amerikaner…. Ich wusste nicht, dass ich Gelegenheit haben würde, diese Hoffnungen noch tausendmal wiederzukäuen.

Ich nahm Abschied von meinem deutschen Wächter. Er versicherte mir ein weiteres Mal, dass der Krieg bald enden würde und ich wieder nach Hause käme. Wir hielten uns an den Händen und weinten beide, dann wandte er sich ab und verschloss die Tür zwischen uns. Ich habe ihn nie wiedergesehen.

Sehr früh am nächsten Morgen kamen zwei französische Gendarmen in meine Zelle, legten mir Handschellen an und nahmen mich mit. Ich war überrascht. Ich hatte erwartet, deutsche Uniformen zu sehen. Ich hatte die Kollaboration vergessen. Es gab sie auf Ebene des Wachpersonals.

Diese Wachleute hier schienen nicht schlechter und nicht besser zu sein als andere. Sie waren mit Eifer bei der Sache, hielten sich sorgfältig an die Instruktionen, die auf dem Blatt Papier standen, das man ihnen gegeben hatte, und vermieden alle Scherereien. „Befehl, sich der Person Sim Kessels zu bemächtigen, der im Zivilgefängnis von Dijon (Département Côte-d'Or) inhaftiert ist, und ihn ins Lager Drancy (Département Seine) zu eskortieren, Fahrt mit der Eisenbahn, in Handschellen." Sie wussten aus Erfahrung, was für Scherereien es da geben konnte: Fluchtversuche, zäher Widerstand, Anfälle von Verzweiflung, Geschrei und Aufsehen.

Offensichtlich war ich einer jener stämmigen jungen Draufgänger, vor denen man sich in Acht nehmen musste. Vorsichtshalber erklärten sie mir daher freundlich, aber bestimmt, ich solle ihnen keinen Ärger machen.

„Sowas hängt uns wirklich zum Halse raus!"

Ich hatte gar nicht die Absicht, ihnen Ärger zu machen. Und doch quälte mich seit dem Vorabend ein Gedanke: ich ging in eine ungewisse Zukunft und ich würde vorher niemanden sehen können, der mir nahestand. Ich liebte meine Eltern innig, ganz besonders meine Mutter. Seit fast drei Monaten hatte ich sie nicht gesehen. Gleich als die Gendarmen eintrafen, schoss mir der Gedanke durch den Kopf, dass sie mir als Franzosen doch diese Gefälligkeit erweisen könnten: mir gestatten, auf der Durchreise meine Eltern zu umarmen. Das konnten sie mir nicht abschlagen. Im Übrigen… warum auch nicht? Schließlich musste man bei der Ankunft in Paris ja nur direkt am Bahnhof in die Métro steigen, und schon wäre man an der Place Daumesnil. Das war Sache eines Augenblicks und es war so wenig. Die letzte Zigarette des Verurteilten.

In dem Abteil, in dem wir uns nach langem Warten am Bahnsteig niederlassen, knüpfe ich sehr vorsichtig, auf die harmloseste Weise, ein Gespräch an. Schließlich ist ja nichts dabei, wenn man mit den Gendarmen plaudert. Keine Vorschrift verpflichtet sie dazu, stumm zu sein wie ein Fisch. Der Gefreite sitzt zu meiner Linken, der andere zu meiner Rechten, mit einer Handschelle an mich gefesselt. Ich kann meinen rechten Arm nicht bewegen, ohne den linken Arm des Gendarmen unter Geklirr der Handschellenkette mitzuziehen. Wir verwenden daher jeweils die freie Hand zum Rauchen. Ich stelle meinen Mitreisenden belanglose Fragen und allmählich taue ich sie ein wenig auf. Aber ihre Wachsamkeit lässt nicht nach. Als ich darum bitte, auf die Toilette gehen zu dürfen, kommt es gar nicht in Frage, mich loszumachen. Der Gendarm befreit sein Handgelenk und schiebt die Handschelle auf meine andere Hand. So sind meine beiden Hände aneinander gefesselt. Ich kann meine Hose aufknöpfen, aber das ist auch schon alles. Wie soll ich mit den Handschellen fliehen? Im Übrigen begleitet mich der Gendarm bis zum WC. Er hält die Tür einen Spalt offen. Ich werde gut bewacht.

Zurück ins Abteil. Wir beginnen, über den Krieg zu sprechen. Die russische Front, die Afrika-Front, Gerüchte über die Landung der Alliierten… In all diesen Punkten sind die Gendarmen völlig neutral, widerlich vorsichtig. Sie scheinen noch nicht gehört zu haben, dass Rommel sich in El Alamein eine blutige Nase geholt hat und sich bis nach Tunesien zurückzieht.

„Naja, wissen Sie, unsereins…"

Na gut! Ich fange von der Familie an. Das bewegt immer die Herzen. Als ich sie soweit habe, dass sie die Fotos ihrer Kinder hervorholen, hole ich meinerseits die Fotos meiner Alten Herrschaften hervor und reiche mein Gesuch ein: vom Gare de Lyon aus einen Abstecher zur Place Daumesnil zu machen. Das ist ganz nah, es könnte gar nicht günstiger liegen. Dasselbe Taxi, das uns zur Place Daumesnil bringt, wird uns danach in das nördlich von Paris gelegene Drancy bringen. Das Taxi werde natürlich ich bezahlen, versteht sich. Zehn Minuten, um meine Alten Herrschaften zu umarmen!

Meinen beiden Gendarmen, bis dahin von herzlichem Gemüt, frieren die Gesichter ein. Niemals habe ich es verstanden, meine Anliegen vor der Obrigkeit zu vertreten. Als ich nun diese beiden hier vor mir sehe, deren Mienen immer starrer werden, scheint mir, dass meine Bitte ungeheuerlich ist, ohne jedes Maß, skandalös, dass sie die Grenzen des Anstands überschreitet und schwer gegen Gesetz und Moral verstößt. Schließlich gähnt der Gefreite und sagt, dies sei unmöglich.

„Damit", sagt er, „wären wir unsere Posten los. Wenn es normale Zeiten wären, würde ich nichts sagen, wir sind ja schließlich keine Unholde, aber unter deutscher Besatzung,

Sie verstehen… Und dann wissen wir ja gar nicht, was Sie angestellt haben."

Das Argument hat was für sich. Sie können sich ja nicht zu Komplizen eines Mannes machen, der möglicherweise schwer kriminell ist. Tatsächlich haben sie mich nicht gefragt, was ich getan habe, und ich meinerseits kann mir nicht erlauben, ihnen darüber Enthüllungen zu machen. Ich fühle plötzlich derartige Mutlosigkeit in mir aufsteigen, dass mir Tränen in die Augen treten.

Eine Weile später, nachdem wir unsere Mundvorräte und eine Flasche roten Landwein geteilt haben, bringen sie von selbst nochmals die Rede auf diese Frage. Sie sagen, sie täten mir ja gerne einen Gefallen, gewännen aber selbst nichts dabei. Oder irgendetwas in der Art. Ich verstehe. Ich ziehe meine Brieftasche heraus und diesmal ist es recht einfach. Bei zehntausend Francs sind wir handelseins. Zum damaligen Zeitpunkt entspricht das in etwa sechs Monatsgehältern eines Gendarmen. Für mich ist es, bis auf wenige hundert Francs, mein ganzes Vermögen. Ich habe dieses Geld mitgenommen, um gegen verschiedene Widrigkeiten gerüstet zu sein. Vielleicht würde ich einen Schleuser bezahlen müssen, wenn der Komplize, der an der Demarkationslinie stehen sollte, verhindert wäre, oder ich würde das Geld sonst für irgendetwas brauchen. Und nun trifft es sich, dass meine Reisegefährten es auf mein Geld abgesehen haben. Und sie sind halsstarrig. Da mag ich ihnen noch so sehr fünftausend Francs anbieten, sie lassen nicht locker, bevor sie nicht das Doppelte bekommen.

Die Schleuser nahmen tatsächlich Gefahren auf sich. Natürlich konnten sie denunziert werden, sie mussten aber auch den im Dickicht verborgenen Maschinengewehren entkommen, den Patrouillen, die zu wechselnder Stunde ihre Erkundungsgänge machten, den Hunden, die man auf ihre Spur setzte.

Aber Gendarmen!

Ich dachte in diesem Augenblick nicht allzu viel darüber nach. Ich glaube sogar, dass ich Dankbarkeit für sie empfand, so geschickt waren sie darin, ihre Opferbereitschaft hervorzustreichen. Aber während den langen schlaflosen Nächten der folgenden Jahre dachte ich immer wieder an das Verhalten dieser beiden Männer.

Was riskierten sie denn eigentlich? Selbst wenn sie einen erfolgreichen Ausbruchsversuch vorgetäuscht und mich hätten fliehen lassen – und das kam damals öfter als einmal vor – hätten sie sich ohne allzu viel Mühe aus der Affäre gezogen. Ich verlangte ja nicht viel, nur zehn Minuten Zeit, um meine Eltern in die Arme zu schließen. Nun, sie plünderten mich in aller Ruhe aus und wussten dabei ganz genau, dass sie mich in den Tod führten.

Alles in allem waren die Gestapo-Männer vielleicht weniger widerlich. Na, genug davon…

Am späten Nachmittag werde ich nun also in Fesseln durch das Gedränge des Bahnhofs geführt und errege die flüchtige Neugier der vorbeihastenden Reisenden. Sie haben schon viele gesehen wie mich. Ihre Neugier hütet sich, allzu beharrlich zu sein. Man gewöhnt sich daran, keine Fragen zu stellen und möglichst rasch weiterzugehen. Man kann nie wissen. Es passiert so leicht, dass man in einer Razzia aufgelesen wird, obwohl man sich doch nur zufällig an diesem Ort aufhält und ganz unschuldig dreinschaut. Die Angst ist allgegenwärtig. Sie steht in den Gesichtern der eiligen Passanten, in den reglosen Gesichtern der Leute, die Schlange stehen. Sie verfolgt alle, Regime-Gegner, Kollaborateure und Neutrale. Die Nerven liegen blank. Niemandem ist zu trauen. Die, die Widerstand leisten, haben Angst vor der Festnahme. Die, die kollaborieren, haben Angst vor der Zukunft. Und die, die weder zu den einen noch zu den anderen gezählt werden wollen, wissen, dass ihre Neutralität eine Illusion ist, und sind von der Angst gepeinigt, dass sie sich schließlich doch werden entscheiden müssen.

So nehme ich die Menschen wahr, die an jenem Tag Ende Oktober 1942 in Paris hasten und drängeln, Menschen, die zerrüttet sind von Angst und Entbehrungen. Es kommt mir in den Sinn, dass dies vielleicht das letzte Mal ist, dass ich sehe, wie Menschen in Paris hasten und drängeln.

Wir nehmen die Métro. Es sind drei Stationen. Hier sind die Straßen, in denen ich aufgewachsen bin. Hier – die Erinnerung daran beschämt mich – besteche ich meine beiden Gendarmen ein weiteres Mal. Ich bitte sie, mir auf dem Weg durchs Viertel die Handschellen abzunehmen. Die Vorstellung, in Fesseln an den Geschäften vorbeizugehen, in denen ich gut bekannt bin, bestürzt mich. Verhandlungen tun not.

Die beiden Burschen tun so, als wären sie unerbittlich. Da verspreche ich ihnen Zigaretten, von denen ich einige Päckchen zu Hause vorrätig habe. Fünf Päckchen. Fünf Päckchen für jeden, sagen die Gendarmen.

Ich akzeptiere diese Forderung.

Die Frist von zehn Minuten, die man mir zugesteht, überziehe ich nicht. Ich konnte es noch nie ertragen, meine Mutter weinen zu sehen.

Ich kehre mit leichtem Gepäck zurück. Die Gendarmen erwarten mich auf dem Treppenabsatz. Schweigend steigen wir die sieben Stockwerke hinunter und schon fahren wir wieder durch Paris.

Nach Drancy.

Ich verbrachte neun Monate in Drancy. Durch dieses Lager, in das man die Juden pferchte, bevor sie nach Auschwitz geschickt wurden, gingen zehntausende Opfer.

Es scheint, dieses riesige Internierungslager vor den Toren von Paris hätte keinen anderen Nutzen gehabt als den, die Flut der Verurteilten zu kanalisieren, dafür zu sorgen, dass es in Auschwitz und Mauthausen zu keinen Staus kam. Die Gaskammern und Öfen der Krematorien dort reichten nicht aus, wie geschwind man auch immer neue bauen mochte. Man konnte doch nicht alle Leute zugleich umbringen, umso weniger, als man aus den Verurteilten, bevor man sie tötete, möglichst wohlfeil all ihre Arbeitskraft heraussaugen musste. Es gab in ganz Europa ja Millionen von Männern, Frauen, Alten, Kindern, die es auszulöschen galt. Viele der Überlebenden verdanken ihr Leben dieser Notlage, in der sich die Deutschen befanden: da sie allzu viel Menschenfleisch aus dem Weg räumen mussten, waren sie gezwungen, Transporte und Verhaftungen aufzuschieben, damit die Tötungsmaschine nicht verstopfte.

Drancy und andere französische Sammel-Lager waren Wartezimmer des Todes. Die französische Staatsgewalt – oder was davon noch übrig war – gab sich nicht damit zufrieden, diese Niedertracht zu dulden. Entgegenkommenderweise unterstützte sie sie sogar, indem sie ihre Polizei- und Gendarmerie-Beamten für die Bewachung der Verurteilten abstellte. Es gab unter diesen Wachen gewiss anständige Leute. Ein paar vielleicht. Anständige Leute nahmen nämlich einen solchen Posten nicht an, weil er schändlich war. Diejenigen, die es doch taten, versuchten, aus ihrer Stellung Profit zu schlagen, und das gelang ihnen auch voll und ganz. Sie beteiligten sich an dem gigantischen Unterfangen, jüdischen Besitz zu rauben. Das Deutsche Reich bekam den Löwenanteil davon, ließ auch deutschen Privatpersonen einige Beute zukommen und ein paar kümmerliche Brocken gingen an die Franzosen, die sich hatten dingen lassen. In dieser riesigen Menge verhafteter Menschen gab es keinen noch so winzigen, keinen noch so leicht zu befriedigenden Wunsch, der nicht irgendeinem Gendarmen oder irgendeinem Polizeioffizier Geld einbrachte. Es gab einen Tarif für das Hinausschmuggeln eines Briefs und einen für das Zurückbringen der Antwort. Der Preis der kleinen, erbärmlichen Annehmlichkeiten, durch die man vor dem Abtransport nach Deutschland sein Los zu lindern versuchte, wurde den hastig bei der Verhaftung gepackten Koffern entnommen. Es entstand ein unwahrscheinlicher Schwarzhandel mit Schmuck, Uhren, Pelzen und Kleidung, der das ganze

Lager zu einem Marktplatz machte. Tabak und Kaffee bildeten dabei die Grundwährung. In der großen Schar von Menschen, die hier lebten – zwanzig und mehr in schmutzige Räume gepfercht – fand man Menschen unterschiedlichster Vermögenslagen, vom steinreichen Bankier bis zum Obdachlosen. Alle wussten, dass sie, wenn nicht ein Wunder geschähe oder sich der Krieg plötzlich wendete, alle gemeinsam, nackt und völlig ausgeplündert, in vollkommener Gleichheit vereint sein würden. Man könnte erwarten, sie hätten unter diesen Umständen ihre Mittel der Gemeinschaft zur Verfügung gestellt oder hätten versucht, dem Unglück so entschieden wie nur möglich gemeinsam die Stirn zu bieten. Nichts dergleichen geschah. Beinah nichts. Einige hochherzige Gemüter bemühten sich, Vernunft zu predigen, aber sie predigten vor tauben Ohren. Das leidenschaftliche Verlangen, zu leben, ist stärker als jede Vernunft. Es bleibt bestehen gegen jede Offensichtlichkeit, setzt seine Raserei gegen die Realität. Ich musste später, in den Vernichtungslagern, mitansehen, wie Todgeweihte, Menschen, die unmittelbar vor ihrer Hinrichtung standen, sich um einen Bissen Brot prügelten. In Drancy prügelte man sich wegen allem: wegen eines Tauschgeschäfts, in dem man sich übervorteilt glaubte, wegen eines Disputs beim Poker oder beim Bridge, wegen eines Mädchens, das man besitzen und mit niemandem teilen wollte. Das Lager war ein Marktplatz, eine Spielhölle, ein Bordell; nicht selten schreckte man nicht einmal vor Mord zurück.

Die berühmte Rassensolidarität, die die Nazi-Theoretiker als weltweite Gefahr anprangerten, ist nichts als eine Legende. In einem Lager wie Auschwitz, wo die deportierten Juden die zahlenmäßig größte Gruppe darstellten, war es ihnen nie gelungen, sich zu organisieren. Sie haben es kaum versucht. Wenn sie sich zusammentaten, dann nach Nationalitäten, und dann nahmen sie in diese Gruppen auch Nicht-Juden auf, fester zusammengeschweißt durch die Erinnerung an ihr Herkunftsland und durch die gemeinsame Kultur als durch Zugehörigkeit zur selben Rasse oder Religion.

Die Gefangenen von Drancy versuchten einfach, zu leben und davonzukommen, nach dem ewigen Gesetz des Rette-sich-wer-kann. Ich habe gesehen, wie Freilassungen mit Gold erkauft wurden, dank seltsamer Machenschaften, bei denen deutsche Offiziere und französische Polizisten ihre Hand im Spiel hatten. Die große Doktrin der rassischen Säuberung erlaubte einige geheime Arrangements, wenn man bereit war, die Kosten zu tragen.

In dem Zusammenleben auf engstem Raum, das man den Gefangenen von Drancy aufzwang, hatte sexuelle Freizügigkeit bestürzende Ausmaße angenommen. Das ständige Grauen vor dem nahen Tod diente leicht als Vorwand für alle Gewagtheiten, löschte jede Scham aus, riss alle moralischen Schranken nieder. Frauen boten sich jedem an, suchten vor dem großen Aufbruch möglichst viel Genuss oder versuchten, sich einige Gefälligkeiten zu erkaufen. Manche Frauen prostituierten sich ganz offen, verkauften ihre Gunst an den Meistbietenden, weniger aus Not denn aus Liederlichkeit.

In dieser Hölle erneuerte ich einige alte Bekanntschaften. Ich machte auch neue. Natürlich fasste ich Zuneigung zu jenen, die in der Résistance aktiv gewesen waren. Wir versuchten, eine Gruppe zu bilden und ein wenig Ordnung ins Chaos zu bringen. Diese Aufgabe erwies sich als unlösbar. Es waren einfach zu viele Leute da. In engem Umfeld ausgeübt, war unser Einfluss schwach. Zudem wurde unsere Gruppe mit jedem Transport kleiner und alles musste immer neu begonnen werden. Immer wieder kam es vor, dass einer der unseren, wenn sein Name beim Appell ertönte, seine Habseligkeiten einsammelte und einen Lastwagen bestieg. Ich habe keinen von ihnen je wiedergesehen.

Manchmal hatten wir Grund zur Hoffnung. Die Nachrichten drangen bis zu uns. Der Stacheldraht reichte nicht aus, uns ganz abzuschotten. Unsere Hauptbeschäftigung bestand darin, geduldig die Fetzen von Information, die uns erreichten, zu sammeln und zusammenzufügen und im Verborgenen über die Chancen der Kriegsparteien zu diskutieren. Deutschland verlor damals an beinah allen Fronten. Seit der Niederlage von El Alamein hatte das Afrika-Korps jede Initiative verloren und gab sich damit zufrieden, die Mareth-Linie zu halten. Am 8. November ließ uns der Donnerschlag der Landung der Engländer und Amerikaner in Nordafrika wieder Hoffnung schöpfen. Gleichzeitig war er auch eine Enttäuschung. Eine Enttäuschung, weil wir die Invasion an der französischen Küste sehnlich erwarteten und weil die Operation in Afrika von politischen Intrigen begleitet wurde, deren Sinn wir nicht begriffen. Unsere Kameraden in der Résistance schienen davon ausgeschlossen zu sein. Beinahe zur gleichen Zeit erreichte uns die Nachricht, dass die Deutschen in Stalingrad aufgehalten worden waren. Diese Niederlage, deren Ausmaß herunterzuspielen die gleichgeschalteten Zeitungen und Rundfunksender sich angelegen sein ließen, erschien uns als Ereignis allergrößter Bedeutung, was sich ja auch als zutreffend erwies. Wir wussten, dass es in Deutschland schreckliche Bombardements gab, und selbstverständlich neigten wir dazu, die Möglichkeiten der alliierten Armeen zu überschätzen und eine rasche Niederlage des Feindes vorauszusehen. Die Geschichte sollte es anders beschließen.

* *
*

Als die Reihe an mich kam, war ich bereits ein Drancy-Veteran. Obwohl ständig Menschen fortgebracht und herbeigebracht wurden, wodurch Tag für Tag die Masse der Internierten neu strukturiert wurde, hatte ich mein Netz von Freundschaften und Kontakten.

Wiederholt hatten wir Ausbruchspläne geschmiedet. Unglücklicherweise fehlten uns die Mittel dazu. Kurz bevor ich ins Lager gekommen war, hatte eine Gruppe von Widerstandskämpfern einen unterirdischen Gang gegraben und einige von ihnen waren geflohen. Die Entdeckung des Tunnels hatte die Wachsamkeit des Personals erhöht. Es war unmöglich geworden, diesen Versuch zu wiederholen. Jeder wusste, was die Folgen eines Scheiterns waren oder welche Vergeltungsmaßnahmen sich im Falle des Erfolgs gegen die Familie richten würden, wenn diese nicht in Sicherheit war. Meine war es nicht.

Als mein Name aufgerufen wurde, überraschte mich das nicht. Ich hatte das Datum meines Abtransports fast auf den Tag genau vorausberechnet und trotz der unheilvollen Aussichten war es beinah eine Erleichterung. Die drückende Atmosphäre von Drancy war mir unerträglich geworden. Ich hatte dort nicht gelitten; ich musste nicht die tägliche Marter der Schläge erdulden; ich konnte mich so ziemlich satt essen; ich musste keine Zwangsarbeit leisten. Aber es umgab mich dort so erbarmungswürdiges Menschenleid, da waren die Frauen, die von der Angst verwüstet waren, da waren die Kinder... Manchmal träume ich von den Kindern von Drancy, wie sie sich an die Röcke ihrer Mütter klammern und ständig weinen.

KAPITEL IV

FAHRT IN DIE DUNKELHEIT

D ie Menschenherde hat die Stacheldraht-Umzäunung von Drancy verlassen. Beinah fünfhundert Personen sind versammelt, Männer, Frauen, und Kinder. Aus diesem Material lässt sich ein Transport zusammenstellen. Alle Klassen, alle Vermögenslagen, alle Altersstufen sind vertreten. Die einen, gekleidet in gut geschnittene Überzieher, tragen Luxuskoffer, die anderen, in schäbiger und abgewetzter Kleidung, tragen ein Bündel auf der Schulter. Frauen, beladen mit Kindern, schon gebrochen von Erschöpfung und Unruhe. Es gibt alles, Juden und Nicht-Juden, Widerstandskämpfer und Neutrale, Aufbrausende und Phlegmatische. Manche hat man, wie mich, in der Résistance festgenommen, beinah alle von ihnen aufgrund von Denunziation. Man hat Deserteure aufgelesen, die versuchten, über die Grenze zu kommen. Wieder andere auf der Straße, bei einer Razzia, in ihrem Bett. Es gibt welche, die nicht wissen warum, die nichts getan haben, die keine Juden sind. Man hat sie eines schönen Tages von zuhause abgeholt, als sie gerade zur Arbeit gehen wollten. Sie haben bis zur Erschöpfung protestiert, sie haben gegen die Wand getrommelt, man hat sie niedergeknüppelt. Schließlich resignierten sie, hofften, die deutsche Verwaltung, die so sehr gepriesene deutsche Organisation werde nicht ermangeln, den Irrtum zu entdecken und sie wieder freilassen. Sie sollten wie die anderen sterben, in der Hölle der Lager. Man heftet ihnen ein Schild auf die Brust: „Judenfreund".

Es ist der 18. Juli 1943. Die Gendarmen übergeben uns den Wehrmachtssoldaten. Man pfercht uns in Autobusse und wir fahren zum Bahnhof. Der Zufall bestimmt, wie sich die Gruppen vor den Fahrzeugen bilden. Ich habe meine wenigen Gefährten aus den Augen verloren, sie sind in der Menge verschwunden. Ich tue mein Bestes, um den Frauen, die stöhnend ihre Kinder und ihr Gepäck schleppen, zu helfen, ich versuche, ihnen Trost zuzusprechen. Ich kenne nicht einmal die Namen der Leute, die mit mir in diesem Autobus der RATP[6] fahren. Die meisten krümmen sich in ihrer Ecke zusammen, stumm und finster, ängstlich darauf bedacht, zusammenzuhalten, was sie mitgenommen haben und was ihren letzten Reichtum darstellt. Aber einige sind auch redselig. Einer vor allem, einer jener nie verstummenden Schwätzer, die mit typischem Pariser Akzent, in belehrendem Ton und mit entschiedenen Gesten Hypothesen entwickeln, Geheimnisse aufklären und die Zukunft entwirren.

„Was man aus uns machen wird? Das ist einfach. Arbeiter. Deutschland braucht Arbeitskräfte. Die russische Front verschlingt alle Reserven an arbeitsfähigen Männern. Wir werden in den Waffenfabriken für die deutschen Arbeiter einspringen und, glaubt mir, ein Arbeiter, der Granaten dreht, ist ebenso nützlich wie ein Soldat. Und damit die Arbeiter ordentliche Leistung erbringen, muss man ihnen doch auch zu essen geben."

All das ist ja ganz richtig, wenn dieser Optimist daraus nicht schlussfolgern würde, dass wir alles in allem das bessere Los gezogen haben. Man hört ihm zu, gewiss, man klammert sich an die trügerische Hoffnung, man werde unter akzeptablen Bedingungen leben, während andere an der Front sterben müssen. Aber alle werden von Verzweiflung erfasst. Seit Jahren hören wir Gerüchte über Konzentrationslager. Seitdem Hitler Reichskanzler ist. 1943 feiert er das zehnjährige Jubiläum seiner Machtergreifung.

---

6 RATP: Régie Autonome des Transports Parisiens; öffentlicher Personen-Nahverkehr im Großraum Paris.

Der Gedanke an Flucht martert mich. Wäre ich näher am Ausstieg, würde ich versuchen, aus dem fahrenden Bus zu springen. Aber wir sind alle so eng zusammengepfercht. Niemals werde ich schnell genug handeln können, um den beiden bewaffneten Deutschen zu entkommen, die uns bewachen.

Nun schieben wir uns langsam vorwärts, zuerst vor dem Bahnhof und dann auf den Bahnsteig; den Bahnhof kenne ich nicht. Überall Soldaten. Zu dem Entsetzen, das die Uniform der Besatzer den Franzosen einjagt, kommt bei uns noch die Angst vor dem Unbekannten. Was wird man mit uns anstellen? Eine starke SS-Abordnung sperrt den Bereich ab, in dem unser Zug zusammengestellt wird. Hier sind die trostlosen Waggons aus Holz mit der Aufschrift: „Menschen: 40 – Pferde: 8". Man pfercht uns in diese Güterwagons, nicht vierzig Menschen pro Wagon, sondern achtzig und mehr, Männer, Frauen und Kinder, alle durcheinander. Bei der Ankunft wird Zeit sein für eine Sichtung. Jetzt gibt man sich damit zufrieden, uns haufenweise zur offenen Tür des Waggons zu treiben. Keine Zeit für Höflichkeiten, keine Zeit, den Frauen zu helfen. Jeder für sich. Hier sind die Soldaten, die uns antreiben, ohne allzu viel Brutalität, weil wir ja noch in Paris sind und man das Märchen von der Korrektheit aufrechterhalten muss. Sie drängen uns trotzdem: *„Schnell, schnell!"* In zwei Minuten ist der Waggon voll. Wir hatten noch nicht die Zeit, einander anzusehen, als auch schon die Türen hermetisch verschlossen werden. Das Innere des Wagons versinkt in Halbdunkel. Nach einem Augenblick gewöhnen sich die Augen daran, erkennen Spalten im Holz, die ein paar Lichtstrahlen und ein wenig Luft eindringen lassen. Man muss versuchen, sich einzurichten, denn die Reise wird lange dauern. Man muss die eigenen Beine aus der Verstrickung mit den Beinen des Nachbarn lösen. Man muss ein Eckchen finden, wo man sein Gepäck hinstellen kann. Es ist schwierig. Plötzlich wird Raum ein kostbares, heiß begehrtes Gut. Man muss für die kommende Nacht vorsorgen, man muss die winzig kleine Stelle am hölzernen Fußboden finden, wo man versuchen kann, sich auszustrecken oder sich hinzusetzen. In dieser Herde von Gefangenen, die in einem hölzernen Käfig zusammengedrängt und zusammengepfercht sind, fallen immer noch einige Bemerkungen, die sorglos oder scherzhaft sein wollen, aber sie fallen ins Leere; Schweigen breitet sich aus, man hört nur das angstvolle Klagen der Kinder.

* *
*

Der Zug hat sich langsam in Bewegung gesetzt. Über die zusammengedrängten Körper senkt sich Müdigkeit, wächst mit jedem Rumpeln der Räder. Zunächst entschuldigt man sich noch, dass man seinen Nachbarn lästig fallen muss. Aber wer ist hier schon ungestört? Man stellt die Höflichkeiten rasch ein. Je mehr der Rücken, das Gesäß und die Beine schmerzen, desto listiger versucht man, ein wenig mehr Platz zu erobern. Man trifft auf den Widerstand des Nachbarn und setzt dem Nachbarn Widerstand entgegen. Die Temperatur steigt, weil der Waggon verschlossen ist und weil sich die Wärme staut, die unseren Körpern entströmt. Man beginnt, Jacken auszuziehen, mit lächerlicher Vorsicht, sie nicht zu zerknittern.

Der Durst setzt ein. Einige Naive hoffen darauf, dass Nahrungsmittel und Wasser ausgeteilt werden. Sie haben noch nicht begriffen. Einige haben Flaschen mitgebracht, die rasch geleert sind. Bald werden sie einem anderen Zweck zugeführt. Man muss dafür Sorge tragen, den Urin durch den kleinen Spalt der Luke zu entsorgen. Derjenige, der sich dessen annimmt, macht es ungeschickt, verspritzt Flüssigkeit auf dem Boden, löst Protest aus. Der in Beschimpfungen übergeht. Es geht ganz schnell, bis der Lack der Korrektheit unter der Einwirkung von Angst, Müdigkeit und Elend abblättert.

Es wird Nacht. Man möchte schlafen und tatsächlich schläft man, trotz aller Angst, aber wie! Als Tageslicht durch das Gitter der Luke sickert, ist man ganz zerschlagen, zermalmt von Müdigkeit, und da ist die erstickende Feuchtigkeit und ein immer dickerer und grässlicherer Gestank nach Ausscheidungen. In der Nacht hat man sich eben geholfen, wie man konnte. Es gibt keinen Abort. Bei der Abfahrt wurde ein Anführer bestimmt, ein Verantwortlicher, der im Wagon für Ordnung sorgen sollte. Er schien recht stolz zu sein über diesen Auftrag. Seine Funktion besteht nun aber leider vor allem darin, zu versuchen, einen Anschein von Hygiene aufrechtzuerhalten. Man findet eine große Kiste aus Metall, die früher Lebensmittel enthalten hat, eine Art Keksdose, und macht daraus einen Abort. Aber die stinkenden Ausdünstungen sind ein scheußliches Problem. Außerdem haben sich manche Leute direkt auf den Holzboden übergeben. Man wird viele Tage im Gestank der Abfälle leben und bald mitten drin in den Abfällen.

In der ersten Nacht hat jemand die Idee, den Holzfußboden genauer zu untersuchen, an der Stelle, wo er liegt, etwa in der Mitte des Wagons. Stundenlang bearbeitet er das Holz mit seinem Taschenmesser, höhlt einen Spalt aus. Auf Dauer gibt der Boden ein wenig nach. Am frühen Morgen ruft er mich. Er ist jung, ein Bursche von siebzehn Jahren, unternehmend und wagemutig, zu allen Abenteuern bereit. Ich krieche zwischen den ausgestreckten Leibern hindurch, um zu ihm zu gelangen, und prüfe die Fluchtmöglichkeiten. Sie sind real. Wir mobilisieren einige beherzte Männer und verwenden alles, was als Werkzeug dienen kann. So höhlen wir in kurzer Zeit ein Loch. Zwar ist der hölzerne Boden dick, aber das Holz ist verwittert und halb verfault. Noch ist es nicht heller Tag. Wir könnten einen Aufenthalt des Zuges nutzen. Es ist ein ungeheures Risiko, aber wann sollte man etwas riskieren, wenn nicht jetzt?

Schon sprechen wir uns zu mehreren ab und beginnen, gemeinsam den knarrenden Boden zu belasten. Aber da erhebt sich ein Gemurmel hinter uns. Ich stelle mir vor, dass in vielen anderen Wagons sich dieselben Möglichkeiten anboten und dasselbe Gemurmel sie verhinderte. Zunächst sind es die Männer, die mit zaudernder Stimme Einspruch erheben, und dann mischen sich die Frauen ein, und die Debatte wird immer gehässiger. Die Frauen haben Angst, sie wollen nicht die Zielscheibe von Vergeltungsmaßnahmen sein, während die Entkommenen sich aus dem Staub machen. Ihre schrillen Stimmen beherrschen die Debatte.

„Ihr seid verrückt, ihr wollt, dass wir alle erschossen werden..." Sie wenden sich an den Verantwortlichen. Er ist ein zaudernder und ängstlicher Mann, der mit einem Schlag das Ausmaß seiner Aufgaben ermisst und er erbebt. Er wagt es nicht, sich dem Versuch entgegenzustellen, und verwickelt sich in eine Diskussion, die zu keinem Ende finden kann, weil alle gleichzeitig reden und eine der Frauen hysterisch zu schreien beginnt.

„Ruft die Wachen, so ruft doch die Wachen! Ihr seht doch, dass wir alle wegen ihnen umgebracht werden!

Der Zug ist stehengeblieben. Es ist nicht nötig, die Wachen zu rufen: der Lärm, den wir machen, hat ihre Aufmerksamkeit von selbst auf uns gelenkt. Von außen schiebt man die Platte weg, die das vergitterte Fenster verschließt, und der Kopf eines Deutschen taucht auf.

„Ruhe!"

Was uns wie Gebell klingt, ist die in deutscher Sprache geäußerte Aufforderung, still zu sein. Wir schweigen. Als der Zug weiterfährt, wollen wir zu fünft oder sechst unser Unterfangen wieder aufnehmen, aber der Protest setzt wieder ein, alles beginnt von vorn. Wir müssen kapitulieren. Alle kehren zurück an ihre Plätze. Wir geben nach, weil wir keine Möglichkeit haben, die Frauen zum Schweigen zu bringen, und weil wir erschöpft sind. Die nervliche Zerrüttung, das Schlafbedürfnis, der Wunsch, sich in eine Ecke zu verkriechen und sich auszuruhen, machen die Feigheit verführerisch. Als ich gegen Abend einen Energieschub spüre und den Boden weiter aushöhlen möchte, ist es nicht mehr möglich, sich dieser Stelle zu nähern. Man hat dort vorsichtshalber Koffer aufgehäuft. Es ist zu spät.

Dieser zweite Tag schleppt sich in zunehmend schlechter Laune dahin. Der Durst frisst uns auf. Unser Speichel wird dick und klebrig. Wir essen unseren Proviant auf, teilen mit jenen, die am wenigsten haben, das schlechte Besatzungsbrot, das kompakt und hart ist und sauer schmeckt, verdorben durch den Kontakt mit den anderen Habseligkeiten. Es gibt trockene Kuchen, die einige vor der Abfahrt von ihren Familien erhalten haben und die sie teilen, weniger aus Nächstenliebe, sondern weil man sie praktisch nicht mehr essen kann.

Und der Gestank nach Schweiß, Dreck, Scheiße...

Wir gäben alles für ein Glas Wasser. Der Zug fährt Stunden um Stunden, rumpelt gleichmäßig dahin, und wenn er irgendwo stehen bleibt, hören wir draußen die üblichen Bahnhofsgeräusche, Befehle in deutscher Sprache, manchmal Gespräche. Wir befinden uns auf dem Territorium des Siegers.

Am Nachmittag des dritten Tages wird während des Aufenthalts in einem kleinen Bahnhof die Tür geöffnet, ich weiß nicht mehr, warum. Vielleicht hat man für eine Inspektion wahllos zwei oder drei Wagons aufgeschlossen. Bewaffnete Soldaten stehen auf dem Bahnsteig. Zu dritt oder viert wagen wir auszusteigen, unwiderstehlich angelockt von den Wasserhähnen direkt vor uns. Schubsend und drängelnd laufen wir hin. Die Soldaten lassen uns trinken. Dann reichen wir Flaschen weiter, um den Wagon mit Wassernachschub zu versorgen. Im Eiltempo! Erst als aus den anderen Wagons Rufe dringen, da man uns aus den Luken erspäht hat, drängen uns die Soldaten zum Einsteigen. Ich bekomme im Getümmel einen gewaltigen Kolbenhieb in die Lenden.

„Los, los!"

Die Tür schwingt zu und wird wieder verschlossen. Einige konnten trinken, nicht alle. Und die, die nicht getrunken haben, schreien ihre Verbitterung heraus, wie Kinder. Und die Kinder weinen, weil das Wenige, das man ihnen gab, ihren Durst nicht stillte. Dieser Schluck Wasser, diese milde Gabe, die uns der Zufall in unserer verzweifelten Lage schenkte, hat nichts gemildert, nichts gelindert. Aus dem Groll, der seit dem Vortag, seit unserer Abfahrt schwelt – ein Groll, der sich aus Nichtigkeiten speist, aus Worten und Anspielungen – wurde Hass, der sich in Beschimpfungen, Püffen und Schlägen äußert. Ein paar von uns behalten noch ruhig Blut und wir bemühen uns, die Kampfhähne zu trennen, indem wir sie – nicht ohne Mühe – dazu bringen, den Platz zu wechseln. In der Masse dieser miteinander verstrickten Leiber ist es schon etwas, einen solchen Platztausch herbeizuführen. Auch wenn das wenig bewirkt. Mehrere beginnen, zu delirieren. Sie führen, heftig gestikulierend, Selbstgespräche.

In der folgenden Nacht schlafe ich. Aber nach Aussagen meines Nachbarn gab es offenbar Übergriffe auf Frauen. Sie schrien, vielleicht nicht alle. Bei manchen Männern äußert sich Erbitterung in sexueller Raserei. Man muss verrückt sein, in dieser Umgebung, in diesem Elend, in diesem Gestank einen Annäherungsversuch zu machen.

Der vierte Tag bricht an über einer Herde von Menschen, die kraftlos daliegen, übereinander gesunken, in der schlechten Luft beinah erstickt. Die Gesichtszüge abgespannt, die Augen gerötet. Die Männer seit vier Tagen unrasiert. Die Frauen sehen furchtbar aus, aufgelöst, die Haut bleifarben, die Haare struppig. Die Qual ist so groß, dass wir die Ankunft im Lager wie eine Befreiung herbeisehnen.

Am Morgen sehen wir, wie sich die Luke öffnet und der Kopf eines deutschen Soldaten mit Käppi ist durch das Gitter zu sehen. Der Kopf lächelt. Ein niederträchtiges Lächeln. Dieser Kerl sollte mit uns einen äußerst einträglichen Handel treiben. Wir befinden uns in einem kleinen Bahnhof, wohl in der Nähe von Auschwitz, und ich vermute, dass es am Fenster jedes Wagons einen solchen Kopf gibt, auf dem ein

Wehrmachtskäppi sitzt. Wir verstehen rasch, dass es darum geht, eine Uhr oder ein Schmuckstück für ein Stück Schwarzbrot einzutauschen. Der Tauschhandel verläuft reibungslos, da mehreren klar wird, dass in der schrecklichen Situation, in der sie sich befinden, ein Stück Schwarzbrot mehr wert ist als eine goldene Uhr. Der Soldat hat auch eine Schale Milch dabei. Er weiß, dass es in diesen rollenden Käfigen immer auch Babys und Kleinkinder gibt. Eine beklagenswerte Auseinandersetzung bricht zwischen zwei Müttern aus, die sich um die Milch streiten. Der kluge Händler achtet nicht darauf. Sobald er sein Brot und seine Milch ausgeteilt hat, untersucht er ganz schamlos seine Beute, vor allem die Uhren, die er einzeln ans Ohr führt. Und er scheint das Flehen nicht zu hören, das aus dem Wagon dringt und das wir auch aus den anderen Wagons hören.

„Wasser, Wasser!"

Was hätte er schon davon, uns Wasser zu geben! Er geht fort und unsere Schreie folgen ihm.

Lump, dreckiger Boche, Dieb!

Wir fahren wieder. Die letzten Stunden. Aber wir wissen nicht, dass es die letzten Stunden sind, und wir haben nicht einmal mehr die Kraft, das Ende dieses Kreuzwegs herbeizusehnen, nicht einmal mehr die Kraft, uns zu bewegen. Da entsteht am anderen Ende des Wagons ein Tumult. Eine Frau hat versucht, sich umzubringen. Zumindest rufen uns das die Leute in ihrer Nähe zu. Sie bitten uns, die Wachen zu rufen. Was hat sie getan? Man sieht nichts, man hört schlecht, man weiß, dass es unmöglich ist, zu ihr vorzudringen. Verworrene Auskünfte werden kolportiert. Man bemerkt, dass die Frau einen Nervenzusammenbruch hat und laut brüllt. Die Schreie lassen nach.

Der Zug bleibt stehen. Weitere Rangiermanöver. Die lange Reihe der hölzernen Käfige steht entlang eines Bahnsteigs und damit hört das Rumpeln auf. Die Türen schwingen auf, werden weit geöffnet. Aber wir haben nicht einmal mehr die Zeit, uns zu fragen, ob das das Ende der Reise ist. Ein Gedränge, ein Geschiebe, Schreie, Schläge...

„Raus! Aussteigen! Gepäck stehenlassen!"

Die ersten steigen aus, verwirrt und verstört, zerren ihren Koffer hinter sich her, man reißt ihn ihnen aus den Händen. Männer in gestreifter Kleidung steigen in den Wagon, peitschen auf die Passagiere ein, um sie aus dem Zug zu treiben, brüllen wie besessen, schlagen ziellos zu, mit aller Kraft, ohne sich um die markerschütternden Schreie der Frauen und Kinder zu kümmern. Diese Männer sind Gefangene aus Auschwitz.

„Schneller, schneller!"

Aber wie? Wir trampeln einander nieder, zutiefst erschrocken durch diese unerwartete Raserei. Die Frauen weinen, versuchen, ihre Kinder vor den Schlägen zu schützen. Mich treffen mehrere Peitschenhiebe, ich kann mich nicht schützen, meine Schulter wird blutig geschlagen. Die elende und verängstigte Herde ist bald versammelt. Hinter uns leeren sich andere Wagons. Der ganze Konvoi aus Drancy steht auf dem Bahnsteig von Auschwitz.

Aber in was für einem Zustand! Später sollte ich erfahren, dass es in manchen Wagons Tote gegeben hat.

Ich versuche, vertraute Gesichter zu finden, und ich entdecke welche, vor allem eine Familie, die ich aus Paris kenne und die verzweifelt versucht, wieder zusammenzukommen. Aber wozu sollte denn das gut sein, wieder zusammenzukommen! Befehle werden uns wieder trennen.

Ein Französisch sprechender SS-Offizier leitet das Manöver. Die Aufteilung wird nach einem Ritus durchgeführt, den alle Deportierten kennen. Auf die eine Seite kommen die, die gehen können, auf die andere Seite die Alten, Schwachen, die Frauen mit Kindern. Bei den marschfähigen Deportierten gibt es eine Männerkolonne, in die ich mich einordne; eine Frauenkolonne geht in eine andere Richtung. Die Übrigen werden auf Lastwagen geladen.

Alles geschieht sehr rasch, unter Gebrüll und Schlägen. Als sich unsere Kolonne in Bewegung setzt, haben die Gefangenen in gestreiften Anzügen die Koffer auf Karren geladen.

KAPITEL V

NACHT UND NEBEL

W ir wussten noch nicht, was Auschwitz war. Wir stellten uns so etwas vor wie die Zwangsarbeit, die es früher gegeben hatte, freilich mit einigen zusätzlichen Härten, da wir ja Feinde waren, die bestraft werden mussten, und größtenteils Juden. Weiter reichte unsere Vorstellungskraft nicht.

Lange schon hatte die Hitler-Propaganda den Begriff der „Umerziehung" glaubwürdig erscheinen lassen. Die Internierten sollten nicht misshandelt werden, noch weniger getötet, sondern durch angemessene Methoden wieder auf den rechten Weg gebracht. Durch Arbeit, Sport, ein hartes und gesundes Leben in der Natur sollte der Geist allmählich entgiftet werden. Man ließ sich leicht etwas vorgaukeln, trotz aller Informationen, die mit jedem Tag zahlreicher und genauer wurden. Auch war es wohl ganz normal, dass die Vorstellung eines Genozids im geistigen Universum eines zivilisierten Europäers keinen Platz finden konnte. Man versteht, dass es noch heute Menschen gibt, die bestürzt sind, fassungslos, die es einfach nicht glauben können, oder solche, die sich dem Glauben zwar nicht entziehen, die sich aber schlicht weigern, das Undenkbare zu denken.

Wir waren zivilisierte Europäer. Wir wussten, dass wir zu Zwangsarbeit verurteilt waren. Wir konnten nicht ausschließen, dass einige von uns vielleicht erschossen würden. Aber wir waren weit entfernt davon, an eine systematische Vernichtung zu denken. Diese war offenbar im

Jahr 1939 von Hitler beschlossen worden und die Ausführung des Vorhabens war der mächtigen Organisation der SS anvertraut worden. Wir hatten noch die Überzeugung, dass ein Mensch Achtung verdient, auch wenn er besiegt und gefangen ist, ja sogar dann, wenn er all seiner Rechte verlustig und zum Tode verurteilt ist. Jene, die, wie ich, von der Gestapo geschlagen und gefoltert worden waren, konnten sich allenfalls noch vorstellen, dass es außergewöhnliche Misshandlungen geben könne, ausschließlich vorbehalten den Schuldigen und gerechtfertigt durch den Kriegszustand. Wir nahmen nicht an, dass wir Tag für Tag wie Hunde geprügelt würden und dass jeder Schlag tödlich sein konnte.

* *
*

Von Sklaverei lässt sich nicht sprechen. Den Besitzern von Sklaven lag zu allen Zeiten an deren Einsatzfähigkeit. Die Nazis scherten sich nicht darum. Wenn sie die intensive Ausbeutung von Sklaven neu erfunden haben, so mangelte es ihnen doch niemals an Sklaven. Die ohnehin schon ziemlich zahlreichen und ziemlich großen Lager wurden beständig weiter ausgebaut und konnten Millionen von Gefangenen aufnehmen, und doch gab es dort niemals zu viel Platz. Die Blocks zu leeren, um sie mit frisch eingetroffenen Häftlingen neu zu füllen, war immer das Hauptziel. Und um die Blocks zu leeren, gab es Gemetzel und Krematorien.

Es reicht nicht, zu sagen, dass man uns der elementarsten Rechte beraubte. Man nahm uns unser Gewissen. Man zwang uns zu Niedertracht. Nur ausnahmsweise gelang es Einzelnen, einen Rest von Menschlichkeit zu bewahren oder einer Freundschaft treu zu bleiben. Die meisten lernten, zu kriechen, zu stehlen und zu verraten. Wenn beinah alle Überlebenden sich heute weigern, über ihre Sträflingsvergangenheit zu sprechen, so deshalb, weil ihre Erinnerung ihnen die eigenen Erbärmlichkeiten in noch grellerem Licht zeigt als ihr Leiden. Man kann sich kaum anders mit ihnen abfinden, als sie zu vergessen.

Als man uns in Fünferreihen zu einer Kolonne zusammenstellte, um uns ins Lager Auschwitz-Birkenau zu bringen, waren wir trotz der viertägigen Reise noch Menschen. Die Schläge, die auf uns niederhagelten, erregten noch unsere Empörung. Dieselbe Empörung ergriff uns, als die neben uns marschierenden Soldaten uns unsere Uhren und Ringe abnehmen wollten. Sie versuchten, uns in schlechtem Französisch verständlich zu machen, dass man uns im Lager ohnehin alles abnehmen würde. Einige ließen sich ausplündern, weil sie in ihrer Unkenntnis annahmen, dass diese Soldaten ihre Bewacher seien würden und dass es doch angeraten sei, ihr Wohlwollen zu erringen.

Tatsächlich übergab man uns, als wir nach einem Marsch von drei oder vier Kilometern am Ziel eintrafen, den Kapos. Es brauchte dann nur wenige Tage, bis wir begriffen, dass wir keine Menschen mehr waren.

Kaum angekommen, waren wir auch schon nackt wie die Würmer. Wir waren erfüllt von dem törichten Bestreben, unsere Kleidung, dieses letzte Gut, zu bewahren, und stellten uns vor, dass man diese bescheidene Habe in Hinblick auf eine spätere Rückerstattung doch mit einem Schildchen versehen könne. Eine absurde Hoffnung. Alles verschwindet, auch die Eheringe und die Kettchen, die manche um den Hals tragen. Wir sind nackt, ungeschützt dem Wind ausgesetzt, beschämt über unsere Nacktheit und instinktiv bestrebt, uns voreinander zu verbergen, was unter zivilisierten Menschen ein normaler Reflex ist, auch wenn man als Soldat gewöhnt ist, bei der Musterung nackt untersucht zu werden. Wir sollten uns sehr schnell daran gewöhnen. Wie wir uns an die Kälte gewöhnen sollten, an den Regen, der über unsere Haut rinnt, an den Schlamm, der unsere Füße schmutzig macht.

Eine weitere Selektion erwartet uns. Wir gehen an einem Arzt in weißem Mantel vorbei. Unter uns gibt es noch einige etwas ältere oder schwächliche Männer. Was unter den Kleidern nicht sichtbar war, liegt nun offen zutage. Eine eingefallene Brust, magere Beine, zu wenig Muskeln, Eingeweidebruch. Diese Männer werden fortgeführt, so wie sie sind, nackt und schlotternd. Keiner hat sie je wiedergesehen. Als ich später erfuhr, dass diese Unglücklichen getötet wurden, fiel mir wieder ein, dass am Bahnsteig Männer waren, die sich vorgedrängt hatten, kräftige Männer, die um einen Platz in den Lastwagen mit den marschunfähigen Männern baten. Diese wurden schon am ersten Tag getötet, weil sie den ermüdenden Marsch vorausgesehen und verweigert hatten.

Sobald die Inspektion beendet ist, wird allen der Körper rasiert. Eine Mannschaft von Friseuren schert uns von Kopf bis Fuß: Brust, Scham, Hoden, Hintern. Man muss die Beine spreizen und die abscheuliche Operation in aller Öffentlichkeit über sich ergehen lassen. Die Männer, die uns scheren, sind ebenfalls Häftlinge, die selbst geschoren sind. Sie arbeiten sorgfältig, eifrig, und sie sprechen nicht. Der, der sich um mich kümmert, ist Franzose. Es ist das erste Mal, dass ich einen Franzosen im „Pyjama"[7] sehe, wie die französischen Häftlinge den blau gestreiften Anzug nannten, den sie tragen mussten. Ich versuche, ihn zum Reden zu bringen.

„Ach", sagt er, „du wirst schon sehen."

Ich lasse nicht locker. Da sagt er ruhig, während er mich weiter schert, dass die Leute hier sterben wie die Fliegen. Mit Glück könnte ich mich vielleicht eine Zeitlang drücken, aber man solle nicht zu sehr darauf hoffen. Ein Druckposten sei selten und man verliere ihn schnell. Im Allgemeinen

---

7   «Pyjama» war unter französischen Gefangenen die Bezeichnung für den gestreiften Anzug, den die KZ-Häftlinge tragen mussten. Im deutschen Lagerjargon hieß dieser Anzug «Zebrakleidung».

überlebe man hier nicht mehr als drei Monate. Er betastet einen Augenblick meine Boxer-Muskeln:

„Vielleicht hältst du ja länger durch, ein bisschen länger…"

Er fügt hinzu, dass er selbst erwartet, ins Kommando zurückzukehren, dass er sich nicht dagegen wehren würde, dass er schon halb tot sei…

Ich begreife nur zögernd. Der Mann lacht nicht, er ist auch nicht traurig. Scheinbar hat er jedes Interesse verloren. Ich möchte, dass er mir mehr erklärt, aber er zuckt nur die Schultern und dann haben wir keine Zeit mehr, ein anderer ist an der Reihe.

Man versammelt uns zur Dusche. Das Wasser ist zu heiß und plötzlich ist es eiskalt. Man muss schnell machen. Ein Kapo beaufsichtigt uns, bewaffnet mit einem Knüppel, er brüllt ständig und beschimpft uns auf Deutsch, gibt manchmal einem nackten Hintern einen Fußtritt. Wir versuchen schlotternd, uns hastig mit demselben winzigen und feuchten Handtuch abzutrocknen.

Hier bemerke ich meinen Freund Abastados, den ich in Paris beim Sport kennengelernt und dann in Drancy wiedergetroffen habe. Er ist ein preisgekrönter Bodybuilder mit einem großartigen Körper, ein echter Apoll. Vierzehn Tage später sollte er tot sein.

Man tätowiert uns eine Zahl auf den Unterarm und sagt uns, dass wir sie auf Deutsch auswendig lernen müssten.

Man kleidet uns ein, das heißt man wirft uns unmögliche, abgetragene Sachen zu, ein Hemd, ein Käppi, Holzpantinen und den berühmten „Pyjama", den blau-grau gestreiften Anzug der Deportierten. Das Hemd ist in Fetzen, das Käppi – oder die Mütze – formlos, die Pantinen mit hölzernen Sohlen scheuern an den Füßen und natürlich hat der „Pyjama" nicht die passende Größe. Man versucht, durch Tausch passendere Stücke zu bekommen, aber es fehlen die Knöpfe. Man wird eine Möglichkeit finden müssen, die Kleidung schlecht und recht zu reparieren, mit Stückchen von

Bindfaden oder mit etwas anderem. Nicht ohne Mühe und nicht sofort. Man hat nichts, findet nichts, hat kein Werkzeug. Wir sind im Moment in einem absolut kargen Block versammelt, in dem wir auf der nackten Erde werden schlafen müssen, denn wir befinden uns noch, wie man uns sagt, in Quarantäne. Die Neuen arbeiten nicht sofort. Es braucht einige Tage, um sie zu indoktrinieren und sie auf das Lagerleben vorzubereiten.

In diesem Block ist auch mein Freund Henri Bulawko, der mit demselben Konvoi gekommen ist wie ich. Wir brechen in Gelächter aus, als wir uns in diesem Aufputz sehen. Wir sehen beide grotesk aus, ausstaffiert für einen Karneval des Grauens. Grotesk, nicht so sehr wegen unseres Anzugs und der Mütze, sondern wegen des Kontrasts. Wir haben noch einen normalen Kopf, einen geschorenen, aber normalen Kopf, der sich mit unserer Aufmachung nicht verträgt. Die wenigen schon länger hier lebenden Häftlinge, die wir gesehen haben, haben graue, abgezehrte Gesichter. Diese Gesichter passen zu ihrem Anzug. Sie sind erbarmungswürdig, sie sind nicht grotesk.

Ich erzähle Henri, was mir der Friseur gesagt hat. Er sagt, auch ihm habe man Ähnliches zugeflüstert, man dürfe aber doch nicht alles glauben. Eine Überlebensspanne von drei Monaten, das sei nicht möglich. Das System werde schon hart sein, das gebe er ja zu, ein Strafgefangener sei immerhin ein Strafgefangener. Aber dass die Deutschen sich damit vergnügen sollten, uns in den Tod zu treiben, dagegen spreche doch der gesunde Menschenverstand. Warum sollten sie freiwillig auf kostenlose Arbeitskräfte verzichten? Diese Argumente höre ich nun zum hundertsten Mal.

Aber nun kommt eine erste Häftlingskolonne ins Lager zurück und durchschreitet die Stacheldrahtsperre. Sie marschieren in Reih und Glied wie Soldaten. Weitere Kolonnen schließen sich ihnen an und nehmen Aufstellung auf den freien Flächen vor den Blöcken. Wenn sie den Wachposten passieren, wo die SS-Leute thronen, reißen sie grüßend mit mechanischer Geste ihre Mütze vom Kopf. Sie gehen über die zentrale Lagerstraße und bleiben dann vor einer Baracke stehen. Mehr als eine Stunde lang beobachten wir den Appell, das heißt also das Zählen der Männer, die von der Arbeit zurückkehren und deren exakte Anzahl in der peinlich genauen Buchführung des Lagers festgehalten werden muss. Sie treten in tadellosen Reihen an, in strammer Haltung, und die mit Knüppel bewaffneten Kapos zählen und zählen sie. Schon lang ist es Nacht geworden. Diese sichtlich erschöpften Männer müssen in Habachtstellung verharren, bis die Kapos endgültig fertig sind mit dem Zählen. In der Ferne, beim Stacheldraht, sieht man die Silhouette eines SS-Mannes mit glänzenden Stiefeln, zwei Hunde an der Leine.

Als die Häftlinge, die endlich sich selbst überlassen sind, in ihre Baracken zurückkehren, streifen Henri und ich trotz unserer großen Müdigkeit noch im Lager umher und versuchen, bekannte Gesichter zu finden. Zu unserem großen Erstaunen finden wir kein einziges. Wir waren sicher, hier wieder auf Gefangene zu stoßen, die zuvor in Drancy waren und vor uns deportiert wurden. Es gibt keine mehr. Es ist richtig, dass Birkenau nur ein Teil des riesigen Konzentrationslagers ist, das den Namen Auschwitz trägt. Die Häftlinge, die wir nicht kennen und die sich in ihren Blocks verkriechen, um die schmale Kost hinunterzuschlingen die man ihnen zuteilte – ein Stück Brot und ein winziges Stückchen Margarine –, sprechen nicht unsere Sprache. Es gibt Russen, Polen, Tschechen, Ungarn, alle durcheinander gemischt und völlig gleichgültig gegenüber den beiden Neuankömmlingen, die ihr Elend teilen werden. Es kommen so viele! Ihre einzige Sorge scheint zu sein, dieses schwarze Brot zu essen, das sie sorgfältig kauen. Später sehen wir, wie sie in kleinen Gruppen miteinander tuscheln oder streiten, oder auf ihre wie Stockbetten übereinander montierten Pritschen klettern, um zu schlafen.

Schließlich finden wir in einem Block Franzosen, Leute, die wir nicht kennen.

Sie waren nicht in Drancy, beinah alle wurden in der Provinz festgenommen. Einige von ihnen stammen aus Algerien oder Marokko. Sie zucken die Schultern, als wir sie nach unseren Bekannten fragen. Sie wissen nichts von ihnen. Langsam beginnt uns klar zu werden, wie viele Opfer hier versammelt sind und wie unerbittlich der Mechanismus der Vernichtung ist. Auschwitz ist mit seinen Nebenlagern eine riesige Stadt, deren Bevölkerung ständig erneuert wird. Einer dieser Männer erhebt sich mühsam und führt uns in den Hof, um uns in der Ferne zu zeigen, was wir noch nicht gesehen haben: die Schlote des Krematoriums mit ihrer Flammenfahne.

Dieser Geruch, den wir manchmal, je nach Windrichtung, wahrnehmen, dieser Geruch, den wir uns nicht erklären konnten und den wir von nun an jeden Tag riechen sollten, ist der Geruch der Krematorien.

Der Mann ist gut informiert. Er erklärt uns, dass jeder Transport, der Auschwitz erreicht, sofort zu siebzig bis achtzig Prozent vernichtet wird. Die, die nicht arbeiten können, werden umgebracht. Alte, Schwache, Gehunfähige, Frauen mit kleinen Kindern auf dem Arm, zu kleine Kinder, sie alle werden auf Lastwagen verladen und in eine besondere Baracke geführt, die von außen einem Dusch-Block ähnelt. Das ist die Gaskammer. Es gibt ein Sonderkommando von Häftlingen, das mit dieser Arbeit betraut ist. Man sieht sie nicht, sie sind getrennt untergebracht, sie haben keinerlei Kontakt zu den anderen. Aber die Informationen dringen trotzdem durch. Man weiß, dass die Verurteilten sich völlig entkleiden müssen, Männer, Frauen und Kinder, alle durcheinander, und man sie dann in einem Raum einschließt, wo sie unter der Einwirkung der Gase sofort sterben. Danach transportieren die Männer des *Sonderkommandos* die Leichen ins Krematorium, nachdem sie das Haar der Frauen geschoren und die Goldzähne der Toten ausgebrochen haben.

Übrigens reichen die Öfen nicht aus, obwohl aus den Schloten Tag und Nacht Rauch steigt. Der Häftling versichert uns, er habe selbst von Ferne riesige Gruben gesehen, aus denen Flammen stiegen. Scheiterhaufen. Sonst würden die Leichen vor Ort verwesen. Es gebe immer mehr Tote, als die Krematorien aufnehmen könnten.

Wir stehen vor der entsetzlichen Wirklichkeit. Was man uns dereinst in Frankreich erzählt hat und was wir nicht glauben wollten, dieses ungeheuerliche Gemetzel an Unschuldigen, das wird nun also direkt vor unseren Augen begangen. Henri und ich sehen einander an, mit angstgeweiteten Augen. Denn der Häftling lässt uns keinerlei Illusion. Auch wir gehen in den Tod. Eines Tages werden wir nicht mehr in der Lage sein, zu arbeiten, weil uns die Arbeit völlig auslaugen und die unzureichende Ernährung uns bis auf die Knochen abmagern wird. Die völlig Entkräfteten, die „Muselmänner", sagt er, haben im Lager nichts mehr verloren. Man nimmt ihnen ihre Lumpen ab und sperrt sie nackt in die Gaskammer. Vielleicht, fügt er hinzu, wenn ihr geschickt seid, wenn man für euch einen Druckposten findet, wenn der Krieg rasch genug endet…

Ja, gewiss, das ist das erste, was uns einfällt. Vielleicht ist noch nicht alles verloren. Wer weiß, ob nicht die Russen rechtzeitig kommen werden! Auschwitz liegt auf polnischem Territorium! Wer weiß, ob das umzingelte Deutschland nicht plötzlich zusammenbrechen wird! Unser Lebenswille ist noch nicht erschüttert.

Als wir jedoch, in unseren Block zurückgekehrt und auf der feuchten Erde liegend, vergeblich Schlaf zu finden versuchen, müssen wir uns eingestehen, dass die Chancen äußerst gering sind. Es ist richtig, dass unser Konvoi bereits auf ein Fünftel geschrumpft ist. Bei der Abfahrt waren wir, nach der Anzahl der Wagons, die einer von uns gezählt hat, etwa 1500. Bei der Ankunft waren in unserer Kolonne nur 200 Männer. Die Gruppe von Frauen und Mädchen, die zu Fuß weggingen, hatte allerhöchstens 100 Personen. Und dann gab es noch eine zweite Selektion.

Einige der Männer, die mit uns hier in diesem Quarantäne-Block sind, einige der Ehemänner und Väter, die neben uns auf der nackten Erde schlafen, wissen noch nicht, dass in diesem Augenblick ihre Frauen und Kinder schon tot sind.

Alles in allem haben die, die am Bahnhof von Auschwitz freiwillig auf die Lastwagen gestiegen sind, um sich den Marsch zu ersparen, vielleicht den besseren Teil gewählt! Warum sollte man heute vor der Gaskammer fliehen, wenn man einen Monat, zwei Monate oder drei Monate später, nach abscheulichen Leiden, doch dorthin gebracht wird? Lohnt es sich, diesen Aufschub zu leben? Wäre es nicht vernünftiger, sich in den Stacheldraht zu stürzen, von dem es heißt, er sei elektrisch geladen? Denn es geht ja nicht nur darum, dem Unglück zu entkommen, was ja, alles in allem, nur ein persönliches, also untergeordnetes Bestreben ist. Es geht auch um das gemeinsame Interesse, um die Sache, für die wir gekämpft haben. Heißt es nicht, diese Sache zu verraten, wenn man diese Arbeit akzeptiert? Es steht außer Zweifel, dass die Deutschen uns für sich arbeiten lassen werden. Ob es sich nun um Minen oder um Fabriken handelt, wir werden in jedem Fall ganz unmittelbar die deutschen Kriegsbestrebungen unterstützen und die Waffen, die wir zu schmieden helfen werden, werden dazu dienen, all das zu zerstören, was wir verteidigen wollten.

Auf dem Boden liegend und „wie die Sardinen" aneinandergedrängt, um Platz zu sparen, belästigt von einem eisigem Luftzug, von dem fauligen Geruch, der bis zu uns vordringt, hören wir die Kameraden im Schlaf stöhnen. Wir sind angekleidet. Die schmachvolle Häftlingskleidung hat derbe Falten, die an der Haut scheuern, und das Tuch, das andere schon vor mir getragen haben, riecht schlecht. Ich muss mich daran gewöhnen. Ich muss mich an meinen geschorenen Körper gewöhnen, an diese Zahl, die sie mir auf den Unterarm tätowiert haben, an die Schläge, den Hunger, die Erschöpfung.

KAPITEL VI

ARBEIT MACHT FREI

Ich trug dreiundzwanzig Monate lang die gestreifte Sträflingsuniform.

Ich war knapp zwei Monate lang in Birkenau, drei Monate lang in Jaworzno[8], das ebenfalls ein Außenlager des KZ Auschwitz war, vierzehn Monate in Auschwitz selbst, den Rest in Mauthausen und Gusen II.

Mit Ausnahme der kurzen Quarantäne-Perioden oder den seltenen Aufenthalten im *Revier* – der Krankenstation – habe ich ohne Unterbrechung gearbeitet, habe unter Schlägen geschuftet wie ein Lasttier.

Über dem Tor des KZ Auschwitz stand in riesigen Metall-Lettern, die sich vom Grau des Himmels abhoben: *Arbeit macht frei!*

Während dieser dreiundzwanzig Monate übte ich alle Berufe aus. Ich trug Baumstämme auf meinen Schultern. Ich kratzte mit der Spitzhacke Kohle aus einer Mine und ich schob die beladenen Kohlewagen durch steile unterirdische Gänge. Ich formte Werkstücke aus Blech auf hölzernen Modeln. Ich fabrizierte Sitze für Maschinengewehrschützen. Ich habe bei der Montage einer Elektro-Fabrik mitgearbeitet. Ich habe mich im sumpfigen Moor abgeplagt. Ich habe

---

8   In deutscher Sprache wird dieses Konzentrationslager üblicherweise als „SS-Arbeitslager Neu-Dachs" bezeichnet. Sim Kessel verwendet den Namen Jaworzno, welches der Name des Ortes ist, in dem sich das Lager befindet.

Gräben und Stollen gegraben. Ich habe Latrinen geputzt. Ich habe die Leichen meiner Kameraden auf Karren geladen. Meine Hände und Füße bluteten. Ich litt monatelang an Ruhr. Große Teile meines Körpers waren eitrig entzündet, ich hatte Wunden, die nicht verheilen konnten, Hungerödeme, Erfrierungen

Ich habe all das überstanden, weil ich körperlich robust war und beständig gegen meine Mutlosigkeit ankämpfte. Wohl auch, weil ich mich anzupassen wusste, weil ich die Verteidigungsreflexe erwarb, die es mir erlaubten, Schlägen auszuweichen oder diese abzudämpfen – wie Boxer geschickt ausweichen oder einkassieren –, aber vor allem deshalb, weil der Zufall für mich arbeitete und mich so manches Mal gerettet hat.

Der Zufall sorgte dafür, dass ich versetzt wurde, ein allzu brutales KZ oder einen allzu harten Arbeitsdienst verlassen durfte. So blieb ich nur zwei Monate lang in Birkenau, dem mörderischsten Ort im Territorium von Auschwitz. Und so verließ ich Lager und Kohlenmine von Jaworzno nach drei Monaten. Sehr wenige, glaube ich, hätten es dort länger aushalten können.

Es gab zufällige Begegnungen, dank derer ich den grausamsten Kapos und den blutrünstigsten SS-Männern auszuweichen vermochte. Eine einzige Prügelstrafe von allzu schwerer Hand – fünfundzwanzig Schläge aufs Gesäß – genügte, um einen Mann zu erledigen. Auch der Zorn eines SS-Mannes reichte dafür aus. Ich hatte mein Teil an den Bestrafungen, ebenso wie andere und mehr noch als andere: ich bekam mehrfach die fünfundzwanzig Schläge mit dem Ochsenziemer und ich musste „Sport" machen. Dem Zufall ist es gedankt, dass in der Seele meiner Peiniger kein Hass aufflammte, sodass aus der Züchtigung kein Mord wurde.

Und da war der Zufall medizinischer Entscheidungen. Manchmal schickte man entkräftete Menschen direkt in den Tod, manchmal schickte man ein Dutzend Arbeitsfähiger unversehens in den Versuchs-Block. Dort wurden sie kastriert, viviseziert, oder erhielten in medizinischen Versuchen mysteriöse Spritzen. Man sah sie niemals wieder.

Schließlich brachte mich der Zufall mit Männern zusammen, die sich für meine frühere Karriere als Boxer interessierten und mich bei zwei entscheidenden Gelegenheiten vor dem sicheren Tod retteten.

Diese Zufälle, die sich im Laufe der Zeit aneinander reihten, erlaubten es mir, mein Martyrium zu überstehen, geschwächt, gewiss, auch mit unheilbaren körperlichen Schäden, aber lebend.

Sehr wenige hatten dieses Glück.

* *
*

Unmittelbar nach unserer Ankunft in Birkenau wurden wir jeden Tag indoktriniert. Schließlich mussten wir auf das Leben in einem KZ vorbereitet werden. Ein Kapo, unterstützt von einem Sekretär, nahm sich dessen an. Ich lernte, sie mit ihren exakten Titeln – *Blockältester* und *Blockschreiber* – anzusprechen. Der Kapo war ein Deutscher, der lang vor dem Krieg verurteilt worden war, nicht als Regime-Gegner, sondern als Mörder. Er sprach ausschließlich Deutsch. Sein Assistent, der *Schreiber*, übersetzte. Ach! Dieser Assistent war Franzose.

Als ich am ersten Tag, in Habachtstellung erstarrt, der monotonen Stimme des *Schreibers* lauschte, unterlief mir das Missgeschick, mich ein wenig zu bewegen, weil ich meine Beine lockern wollte. Der Kapo stürzte sich auf mich und versetzte mir einen gewaltigen Faustschlag ins Gesicht. Der Schlag erschütterte mich so stark, dass ich für einen Augenblick ohnmächtig wurde. Seither wusste ich, welche Bedeutung man dem Strammstehen beimessen musste.

Hier das wesentliche der Belehrungen, die ich in Birkenau während der wenigen Tage unserer Quarantäne erhielt. Ich schreibe sie hier so nieder, wie sie in meinem Gedächtnis aufgezeichnet sind, aber ich kann die Gesten, die Mimik, das Gebrüll des Grobians, der da vor uns schwatzte, nicht wiedergeben.

„Ihr seid hier im Lager Auschwitz-Birkenau. Schreibt euch das gut hinter die Ohren: ihr seid hier in einem Konzentrationslager. Glaubt nicht, dass man euch hierher gebracht hat, damit ihr ein fürstliches Leben führt. Ein KZ ist kein Sanatorium. Man wird euch kein Frühstück ans Bett bringen und ihr habt kein Dienstmädchen, das sich um eure Sachen kümmert.

Ihr werdet arbeiten müssen. Ihr werdet Hacke und Schaufel schwingen müssen. Ihr werdet Lasten schleppen müssen. Ihr werdet den Befehlen der Kapos, die die Arbeitskommandos leiten, gehorchen müssen. Diejenigen, die ihre Aufgabe korrekt erfüllen, werden nicht belästigt. Man wird sie in Ruhe lassen, aber die, die böswillig sind und den Befehlen nicht gehorchen, die sollen sich in Acht nehmen. Hier gibt's keinen Ungehorsam. Wer nicht korrekt arbeiten will, wird seine Hosen runterlassen und bekommt fünfundzwanzig Schläge *auf Arsch*, und wen man bei der Sabotage erwischt, der wird gehängt.

Hier hat man Respekt zu haben vor den Anführern. Die Anführer sind eure Vorgesetzten. Neben ihnen seid ihr weniger als Scheiße. Die Befehle der Anführer sind sofort auszuführen. Wenn ihr *„Aufstehen!"* hört, müsst ihr euch erheben, und zwar auf der Stelle. Wenn ihr zu spät zum Appell kommt, werdet ihr bestraft, und wenn ihr den Befehl *„Antreten!"* hört, tretet ihr an, und zwar ohne eine einzige Sekunde zu verlieren. Beim Appell steht ihr ganz gerade und exakt in Reih und Glied, Arme an den Seiten, Kopf hoch, ohne rechts oder links zu schauen. Wenn man euch befiehlt *„Mützen ab!"*, hebt ihr mit knapper Geste eure Mütze vom Kopf und schlagt sie gegen den Oberschenkel. Und wenn ihr *„Mützen auf!"* hört, setzt ihr die Mütze sofort wieder auf. Diejenigen, die diesen Befehl nicht richtig ausführen, sollen sich in Acht

94

nehmen; man wird sie bestrafen. Wenn ihr das Lager verlasst, um zur Arbeit zu gehen, werdet ihr auf Befehl grüßen und ebenso werdet ihr bei der Rückkehr grüßen.

Hier muss man sich korrekt benehmen. Ein Häftling darf sich nicht wie ein Schwein benehmen. Er muss sich waschen und auf seine Kleider und seine Schuhe achten. Kleider und Schuhe sind sehr wichtig. Nehmt euch in Acht vor Dieben, die euch eure Sachen wegnehmen. Wenn ihr eure Schuhe verliert, werdet ihr bloßfüßig gehen, und wenn ihr Mütze oder Hose verliert, bekommt ihr fünfundzwanzig auf Arsch.

Versucht, euch ordentlich zu waschen. Die, die sich nicht sauber halten wollen, werden so lang den Knüppel auf den Hintern bekommen, bis sie sich zu waschen lernen. Besonders in Acht nehmen sollen sich die, die Flöhe haben. Flöhe haben ist noch schlimmer, als die Arbeit zu sabotieren. Die, die Flöhe haben, schicken wir in die Gaskammer und dort krepieren sie dann zusammen mit ihren Flöhen.

Ihr müsst Deutsch lernen, um die Befehle zu verstehen. Wenn ihr die Befehle nicht versteht, könnt ihr sie nicht ausführen. Ihr müsst eure Stammnummer auswendig lernen und ihr müsst in der Lage sein, sie auf Deutsch zu sagen, wenn man euch danach fragt. Sonst werdet ihr bestraft. Hier habt ihr keinen Namen, ihr habt eine Nummer. Es ist eure Pflicht, sie auswendig zu kennen und sie ohne Zögern und fehlerfrei aufzusagen. Und wenn eure Nummer gerufen wird, dann tut nicht so, als würdet ihr nicht verstehen oder als hättet ihr sie vergessen.

Versucht nicht, zu fliehen, das ist unmöglich. Niemandem ist es je gelungen, aus einem KZ zu fliehen. Wenn ihr trotzdem versucht, euch davonzumachen, werden wir euch auf der Stelle wieder einfangen und dann werdet ihr gehängt. Ihr werdet noch keinen Kilometer weit gekommen sein, bevor wir euch wieder erwischt haben. Und die, die bei der Flucht geholfen haben oder die Anführer nicht gewarnt haben, werden ebenfalls gehängt. Es ist völlig unmöglich, aus einem KZ zu entkommen.

Versucht auch nicht, euch dem Stacheldraht zu nähern. Es gibt da eine Linie, die ihr nicht überschreiten dürft. Wenn ihr sie auch nur um einen Zentimeter überschreitet, werden die Wachen ohne Vorwarnung auf euch schießen und ihr krepiert.

Erinnert euch, dass ihr hier in einem KZ seid. Ein KZ ist kein Sanatorium…"

* *
*

Wir brauchten nicht lang, um zu begreifen, dass all dies keine leeren Drohungen waren. Was in den KZs wirklich geschah, ging weit über das hinaus, was man uns darüber erzählt hatte. Den Ermahnungen des Kapos musste Rechnung getragen werden, wenn man sich auch nur die geringste Überlebenschance bewahren wollte.

Ich begann das *Mützen ab* und *Mützen auf* zu studieren, die erste und wichtigste aller Vorschriften. Die Umsetzung war nicht so einfach. Die *Mützen* hatten unterschiedliche Formen und manche waren schlecht geeignet für die rasche Ausführung dieser Bewegung. Es war nötig, dass sich die Kopfbedeckung gut an die Form des Kopfes anschmiegte, ohne jedoch zu eng zu sitzen, damit die Prozedur ohne Pannen ausgeführt werden konnte. Ein Häftling, der das Unglück hatte, beim Grüßen seine Mütze fallenzulassen, konnte sicher sein, eine erinnerungswürdige Tracht Prügel zu beziehen. Ebenso derjenige, der beim Marschieren in Formation eine seiner Holzpantinen verlor, jener Holzpantinen, in denen die Füße so sehr schmerzten und die nur dank einer subtilen Gymnastik der Zehen an den Füßen blieben.

Um bestraft zu werden, war übrigens gar keiner dieser großen Unglücksfälle nötig. Es genügte schon, aus Ungeschicklichkeit oder Zerstreuung den Rhythmus der kollektiven Bewegung zu stören. Die Kapos, großteils Deutsche und wie alle Deutschen darin geschult, militärischen Rhythmen zu folgen, duldeten nicht die winzigste Schwäche. Im

Übrigen wussten sie, dass sie überwacht wurden und dass sie Gefahr liefen, wegen Unfähigkeit zum Kommandieren ihres Amtes enthoben zu werden. Ein Kapo, der seines Ranges verlustig gegangen und auf die Stufe des Gefangenen zurückgestuft worden war, war binnen kurzem ein toter Mann, denn es war unvermeidlich, dass ihm seine Quälereien vergolten wurden. Da half kein Bitten. Deshalb prügelten die Kapos mit Feuereifer. Die Schläge hagelten auf Kopf und Schultern der Ungeschickten. Manche Kapos verwendeten einen Knüppel, die meisten den *Gummi*, die berühmte sandgefüllte Kautschuk-Wurst.

Verspätet zum Appell anzutreten war ein nicht zu sühnender Fehler. Eines Tages sah ich, wie ein Häftling kurz nach den anderen eintraf und versuchte, unbemerkt in die Reihen zu schlüpfen. Es handelte sich um eine Verspätung von wenigen Sekunden. Der Kapo bemerkte es. Er machte mit dem Zeigefinger in Richtung des Opfers die unheilverkündende kleine Geste des Herbeirufens:

„Komm her, komm her."

Der Mann erblasste, zögerte, stammelte eine Entschuldigung.

„Komm!"

Er trat vor und ging zu dem grinsenden Unmenschen. In dem Augenblick, in dem er mit mechanischer Geste seine Mütze absetzte, knallte der Gummi auf seinen kahlgeschorenen Kopf. Er taumelte. Ein zweiter Schlag streckte ihn zu Boden. Sein Peiniger bückte sich, richtete ihn auf, wartete, bis der halb bewusstlose Mann sein Gleichgewicht wiedergefunden hatte, dann schlug er erneut mit doppelter Kraft zu. Als der Mann längs ausgestreckt, die Arme ausgebreitet, regungslos , am Boden lag, rief der Kapo seinen Kollegen von der benachbarten Gruppe herbei, legte den Gummi über die Gurgel des Opfers, und beide stiegen drauf. Zwei Füße beschwerten jedes der beiden Enden des Knüppels. Man hörte ein Krachen.

Ich stand vorn, in der ersten Reihe, stumm vor Entsetzen. Ich erhielt den Auftrag, gemeinsam mit meinem Nachbarn die Leiche fortzutragen. Wir mussten den Toten in den Schlafsaal legen, damit man ihn beim Abendappell vorweisen konnte. Denn auch die Toten mussten den Appellen beiwohnen.

Später war ich hundert Mal Zeuge ähnlicher Morde.

Ich habe welche gesehen, die beim ersten Schlag des Knüppels starben, mit gespaltenem Schädel oder mit gebrochener Wirbelsäule. Andere verloren nach einem einzigen Klaps das Bewusstsein und röchelten bis zum Morgen auf ihrem Bett, bevor sie starben. In diesen entkräfteten Körpern hielt das Herz nicht stand.

Ich verstand rasch, dass sich die Kapos ihre Opfer nicht unbedingt aussuchten. Es gab Fälle, wo ein Gefühl persönlichen Ressentiments ihre Schläge lenkte, weil der Häftling irgendeinen Fehler begangen hatte oder dem Kapo einfach nicht zu Gesicht stand. Aber meist schlugen sie aufs Geratewohl zu. Sie prügelten, weil das Prügeln ihre Funktion war, weil man die Herde beständig in Angst und Schrecken halten musste, und weil es ihnen Vergnügen bereitete.

Die Kapos waren Herren über Leben und Tod. Fast alle waren sie Deutsche, wegen krimineller Taten zu langjährigen Haftstrafen verurteilt, aus den Gefängnissen des Deutschen Reichs geholt und in die Lager gebracht. Viele waren in Auschwitz, seitdem es das KZ gab. Sie hatten sich am Bau des Lagers beteiligt und trugen die ältesten Stammnummern. Einige waren Juden und sie waren nicht weniger grausam als die anderen. Grausam waren sie von Natur aus und weil sie es sein mussten, da ein geringeres Maß an Rohheit sie ja eine hoch privilegierte Stellung gekostet hätte.

Sie erhielten doppelte Essensrationen. In Wirklichkeit bekamen sie so viel zu essen, wie sie nur wollten, und zwar nicht das, was die schändliche Kost der Häftlinge ausmachte. Auf dem ausgedehnten Gelände von Auschwitz waren sie alle geeint durch enge Komplizenschaft, trieben mit allem Schwarzhandel. Sie waren die großen Meister des „Organisierens". „Organisieren"[9] hieß verkaufen, kaufen, tauschen, stibitzen, horten.

Es hieß, innerhalb und außerhalb des Lagers enge Handelsbeziehungen aufzubauen. Es hieß, Schwarzhandel zu treiben mit den Hütern der Magazine, in denen sich die Reichtümer stapelten, die man den Häftlingen geraubt hatte: die Kleidung, die Wäsche, die Pelzmäntel der vergasten Frauen, die Schmuckstücke, das Zahngold der Toten. Es hieß, über die Vorräte zu verhandeln, die in die Küchen geliefert wurden, wo die Rationen der Häftlinge durch massiven Raub verringert wurden. Es hieß, mit den zivilen deutschen Unternehmen, die sich der Arbeitskräfte des Lagers bedienten, Geschäfte zu machen oder mit den polnischen Bauern, die ihre Höfe in der Nähe des Lagers hatten.

Die SS-Männer gestatteten diesen Schwarzhandel, weil sie zu allererst davon profitierten. Das war übrigens so ziemlich alles, was sie taten. Sie trieben Schwarzhandel und bereicherten sich. Da die Kapos mit der Verwaltung des Lagers betraut waren, behielten die SS-Leute den Löwenanteil ein. Man sah sie selten. Beschäftigt mit ihren Raubzügen, ihren Genüssen, ihrem Bordell, tauchten die großen Herren immer nur kurz unter uns auf, meist, um Schuldige zu bestrafen oder um die Selektionen zu leiten.

Es gab ein Bordell in Auschwitz, das einigen privilegierten Kapos offenstand. Man versammelte dort Mädchen, die man aus den Transporten einbehalten hatte. Wegen der abscheulichen Lebensweise, die man ihnen aufzwang, war ihr Aufenthalt nicht von langer Dauer. Es kam überhaupt nicht in Betracht, dass gewöhnliche Häftlinge die Erlaubnis erhielten, dort einzutreten. Erschöpft und zerschlagen, geschwächt von Unterernährung, zermürbt von Ruhr, empfanden diese auch kein sexuelles Begehren mehr.

---

9   Im Original lautsprachlich «organizieren» geschrieben.

Ihre Phantasien kreisten nur noch ums Essen. Für viele stellte das die abendliche Erholung dar. Sie schilderten einander Kochrezepte oder erfanden festliche Speisenfolgen. Manche Überlebende gewannen ihre Manneskraft nie zurück.

Die Kapos dagegen, wohlgenährt und gut ausgeruht, aufgegeilt durch die Schläge, die sie austeilten, konzentrierten ihre Genussgier auf ihr Sexualleben. Diese Rohlinge befriedigten ihre Lust auf jede denkbare Weise, deren bequemste darin bestand, sich einen jungen Häftling als Lustknaben zu halten. Leider gab es Jugendliche unter uns, Kinder sogar. Wenn sie auch nur im Mindesten hübsch anzusehen waren, wurden sie von den Kapos, die ihnen Druckposten verschafften und Essen zusteckten, missbraucht. Das Überleben dieser *peoples* – so nannte man sie – war allerdings durchaus nicht gesichert. Wenn sie nicht mehr gefielen, was sehr rasch geschah, wurden sie zurückgeworfen unter die Sklaven und starben binnen kurzem.

Bei einem Dienst sah ich einmal zufällig von fern Frauenkolonnen aus dem Nachbarlager vorbeigehen. Wenn die Männer vom Elend entstellt waren, so waren es die Frauen noch viel mehr. Sie hatten nichts Menschliches mehr an sich. Sie trugen, wie wir, die gestreifte Häftlingskleidung und bedeckten den rasierten Kopf mit einem Tuch. Wie wir gingen sie zur Arbeit, in Fünfer-Kolonne, im Gleichschritt, und sie sangen. Sie sangen in deutscher Sprache Marschlieder, lebhaft, munter, fröhlich. Und sie waren sichtlich völlig entkräftet, zum Gerippe abgemagert, beinah schon tot. An den Seiten der Kolonne brüllten weibliche Kapos Befehle und schwangen die Peitsche.

Ich sah Frauen nur bei wenigen, flüchtigen Gelegenheiten. Nie hatte ich die Möglichkeit, mit ihnen zu sprechen. Ich weiß aber, dass es geheime Treffen zwischen Häftlingen beiderlei Geschlechts gab, selten und verstohlen.

* *
*

Unsere Essensrationen – und die aller anderen KZ-Häftlinge – bestanden morgens aus einer Schale heißem Wasser, das man spöttisch Kaffee nannte, mittags einem Liter Suppe, abends einem Stück Brot, begleitet (allerdings nicht immer) von einer dünnen Scheibe Wurst oder einem winzigen Stückchen Margarine. Dieses Stück Brot stellte unsere Hauptnahrung dar. Die Ration hatte zweihundert bis dreihundert Gramm. Das Brot war schwarz und grob, manchmal schimmlig, aber es war die einzige feste Nahrung, die wir bekamen. Manche besaßen behelfsmäßige Messer, gefertigt aus geduldig geschärften Eisenstückchen, und sie schnitten das Brot in dünne Scheiben, damit es länger reichte. Aber man musste sich vor jeder Nachlässigkeit hüten. Es gab Elende, die der Hunger mehr als andere marterte, und die überall herumschnüffelten, um zu stehlen. Sie rafften an sich, was nicht bewacht war, und zogen sich in eine Ecke zurück, um das Gestohlene gierig zu verschlingen. Dies führte häufig zu Prügeleien, die die Kapos mit Schlägen ahndeten, wobei sie aufs Geratewohl zuschlugen, so, wie man Ordnung in eine Rotte von Hunden bringt. Wenn diese Unglückseligen, die vom Hunger so sehr gequält wurden, nichts zum Stehlen fanden, gingen sie abends zu den Küchen, um dort Kartoffelschalen aufzusammeln – wenn sie denn das Glück hatten, welche zu finden. Sie aßen alle Abfälle, die sie fanden. Oft geschah es, dass ich es ihnen gleich tat. Sehr oft.

In der Mittagssuppe waren gekochte Steckrüben oder Karotten. Manchmal fand man Kartoffeln darin. Aber die festen Gemüsebestandteile bildeten nur einen kleinen Anteil. Dieser Liter Suppe war nur ein Liter Wasser. Egal, wir hingen daran. Mitten im harten Arbeitstag brachte sie uns Entspannung und spendete uns Trost. Im Allgemeinen schmeckte sie fad oder bitter, manchmal stank sie, aber wir hingen daran. Man musste korrekte Haltung annehmen, um sie zu bekommen, und sich vor Zerstreutheit hüten, denn sonst konnte die Suppenkelle auf den Kopf des Schuldigen knallen oder ganz einfach ihren Inhalt auf der Erde vergießen und die Ration war verloren.

Ich sah, wie ein zorniger SS-Mann einen armen Kerl an den Schultern packte und ihn tötete, indem er seinen Kopf in den Suppenbottich tauchte. An diesem Tag war ich, gemeinsam mit einem anderen, zum Suppendienst bestellt. Dafür musste man zu den Küchen gehen, um dort einen mit kochender Flüssigkeit gefüllten Bottich mit zwei Henkeln entgegenzunehmen. Dieser Dienst war eine gute Sache, denn manchmal brachte er einem Zuschlag ein. Mein Gefährte stieß gegen ein Hindernis und ließ den Henkel, den er trug, los, sodass ein wenig Suppe vergossen wurde. Etwa ein bis zwei Schöpfkellen voll. Das Schicksal erschien in Gestalt eines SS-Manns, der den Hof überquerte. Er kam näher, brüllte, schimpfte, tauchte den Kopf des Mannes in den Bottich. Der Unglückliche wehrte sich nicht lange. Seine Schreie erstarben. Bald bewegte er sich nicht mehr. Der SS-Mann ließ den Leichnam auf die Erde fallen und ging fort, wobei er sich mit seinem Taschentuch einen Spritzer vom Ärmel wischte.

Ich wohnte diesem Mord wie vielen anderen bei, bewegungslos und in Habachtstellung. Eine einzige Bewegung zur Verteidigung meines Kameraden, ein einziges Wort des Protestes hätte bedeutet, dass ich mich selbst dem Tod ausgeliefert hätte.

* *
*

Der Kaffee am Morgen, ein Viertelliter heißes Wasser, diente mir zur Morgentoilette. Ich benetzte damit mein Gesicht. Im Winter war das kostbar. Ich sah, wie elende Kerle ihr Glied damit wuschen; Schmutz, Krankheit und mangelnde Hygiene ließen es monströs anschwellen.

* *
*

Einzelnen gelang es bisweilen, irgendeinen Zuschlag zu ihren Rationen zu ergattern. Diese Vorteile waren rar und winzig klein, sie trugen aber dazu bei, dass wir durchhielten.

Zwei oder drei Mal boten sich mir solch glückliche Gelegenheiten. Zum Beispiel kam ich einmal mit einem englischen Kriegsgefangenen in Kontakt, der als Arbeiter in einer Waffenfabrik eingesetzt war. Er verfügte über Ressourcen, weil er Postpakete erhielt, was uns natürlich untersagt war. Das Wenige, das er mir gab, ermöglichte es mir, meine Rationen einige Tage lang dank nützlicher Tauschhändel zu erhöhen. Ein anderes Mal gelang es mir, mir als Lohn für einen Dienst, den ich einem polnischen Zivilisten erwiesen hatte, Tabak zu verschaffen. So viel, wie in zwei Päckchen Zigaretten steckt. Dieser Tabak hätte mich tagelang ernährt. Aber ach! Ich hatte keine Gelegenheit, ihn einzusetzen. Der SS-Mann, der mich an diesem Tag durchsuchte – wir wurden nach dem Rückmarsch ins Lager ziemlich oft durchsucht – hätte mich kurzerhand mit Fausthieben oder Knüppelschlägen töten können, hatte er mich doch in flagranti erwischt. Er gab sich damit zufrieden, mir zwei heftige Ohrfeigen zu geben und steckte dann den Tabak ein. Wenn die Strafe auch mild war, so war der Verlust doch enorm.

* *
*

Neben Birkenau konnte das Zentrallager Auschwitz als erträglich durchgehen. Birkenau war der Gipfel des Grauens. Die Häftlinge drängten sich zu Tausenden in hölzernen *Blocks*, in denen beständig ein scheußlicher Gestank herrschte. Die Latrinen waren tiefe Gräben, in denen sich die Abfälle häuften. In den Blocks gab es auch Holzbottiche, die demselben Zweck dienten. Es kam vor, dass Gefangene hineinfielen, manchmal aus Schwäche, meistens aber, weil sich ein gerade des Weges kommender SS-Mann ein Vergnügen daraus machte, einen dort hockenden Mann hineinzustoßen. Der Unglückliche konnte nicht mehr herauskriechen und verreckte.

In keinem anderen Lager erfolgte die Vernichtung in so raschem Tempo. Die Krematoriums-Öfen – 1942 wurden vier gebaut – reichten nicht aus, trotz der zusätzlichen

Scheiterhaufen, denn ständig musste für neue Transporte Platz gemacht werden. Auf den dreistöckigen Pritschen herrschte derartiges Gedränge, dass die Häftlinge auf- und übereinander schliefen. Jeden Tag sammelte man die Leichen in den Schlafsälen und auf den Bauplätzen ein.

In Auschwitz war die Ernährung ebenso kärglich und die Arbeit ebenso hart, aber die Wohnverhältnisse waren besser. Wir waren in einstöckigen, hell gestrichenen Backstein-Blocks untergebracht und darin gab es Waschbecken und WCs. Die Deportierten bewohnten etwa fünfundzwanzig Blocks, in denen zu normalen Zeiten jeweils etwa tausend Menschen untergebracht waren, in Perioden besonderen Zustroms auch doppelt so viele. Das Mindestmaß an Sauberkeit, das man in diesen Gebäuden bewahren konnte, trug gewiss zur Reduktion der Sterblichkeit bei. Zudem gab es Perioden, in denen das dort herrschende Regime eine verhältnismäßige Abmilderung erfuhr. Irgendein neuer, hochrangiger SS-Offizier, der den Oberbefehl über das Lager übernahm, verfügte, dass Schluss sein müsse mit den Brutalitäten und für einige Wochen hörten die Schläge auf, abgesehen natürlich von den weiterhin vollzogenen Disziplinarstrafen. Aber dies hielt nicht an und verhinderte jedenfalls nicht, dass die Häftlinge an Hunger und Erschöpfung starben. Die Krematorien mussten gefüttert werden und die Selektionen liefen wie am Schnürchen.

Ein Orchester gab den Takt vor für das Marschieren der Kommandos. Das erste Mal war ich völlig verdutzt. Wir brachen mit Musikbegleitung zur Arbeit auf. Wir kehrten mit Musikbegleitung zurück. Erhängt wurde mit Musikbegleitung. So hörte man zweimal täglich, bei besonderen Anlässen auch öfter, Musik. Das Orchester spielte auf einem Podest, in der Nähe des Lagertors. Die Musiker waren natürlich Häftlinge wie wir, gekleidet in *Pyjamas* und nicht viel weniger abgezehrt als wir. Sie spielten klassische Walzer oder Militärmärsche oder die neuesten Schlager. Dies brachte den Schritt der Kommandos, die zur Arbeit aufbrachen, in denselben Rhythmus oder schuf bei den Hinrichtungen eine zeremonielle Atmosphäre. Ich hatte keine Gelegenheit, mich den Musikern zu nähern. Beinah alle von ihnen waren Ungarn und einige von ihnen waren in ihrer Heimat offenbar berühmte Künstler. Außerhalb ihres Orchesters verwendete man sie wahrscheinlich als *Stubendienst* für die Reinigung der Innenräume oder etwas Ähnliches und ihr Los war weniger hart. Aber sie atmeten dieselbe Luft wie wir, wie wir hatten sie graue Haut, wirkten niedergeschlagen, hatten einen leeren Blick. Der Dirigent bewegte die Hände wie ein Automat. Wenn es vorbei war, verstauten sie ihre Instrumente und gingen im Gleichschritt fort.

Warum diese Musik? Warum auch die sorgfältig gepflegten Blumenbeete rund um manche Blocks? Es war wohl die romantische Seite der deutschen Seele, die niemals ihr Recht verwirkt, nicht mal in der Nachbarschaft des Todes.

Dreck und Gestank in Birkenau, Streben nach Reinlichkeit, ja nach Eleganz in Auschwitz – warum dies so war, trachteten wir nicht zu verstehen. Im Übrigen hatten nur wenige Häftlinge wie ich das Glück, lang genug auszuhalten, um Vergleiche ziehen zu können. Hier wie dort krepierte man vor Qual, Hunger, Verzweiflung. Die Sauberkeit und Eleganz von Auschwitz verhinderte nicht, dass wir Flöhe hatten.

In regelmäßigen Abständen versammelte man uns zur *Laus-Kontrolle*[10]. Man musste sich splitternackt einer peinlich genauen Prüfung jener Körperregionen unterwerfen, wo sich das Ungeziefer verbergen könnte, musste die Achselhöhlen zeigen, die Beine spreizen. Schuldige wurden grausam bestraft. Bei einer Typhus-Epidemie wurden die Kranken isoliert und in einen völlig leeren Saal gepfercht, ohne Nahrung und ohne Pflege. Hunderte starben. Jeden Morgen kam man, um die Toten auf eine Handkarre zu laden. Wer durchkam, verdankte dies der Opferbereitschaft eines Freundes, der ihn heimlich pflegte.

---

10   Im Original: Laus kon-trol.

* *
*

Im Lagerjargon nannte man diejenigen, die den höchsten Grad von Schwäche und Auszehrung erreicht hatten, „Muselmänner". Zu bestimmten Zeiten wog ich weniger als 35 Kilo, wobei sich mein Normalgewicht auf 70 Kilo beläuft. Man konnte aber auch noch weniger wiegen. In diesem Stadium war der Häftling nichts als ein Gerippe. Unter der dünner gewordenen Haut konnte man die Knochen einzeln zählen. In den Wangenhöhlen konnte man das Gebiss erkennen. Faltige Haut hing über die Hüften. Die Toten, nackt in den Gräbern ausgestreckt, ähnelten merkwürdig Schlangen. Dieser Anblick beunruhigte niemand von uns, so sehr hatte man sich an das Grauen gewöhnt, aber die ersten amerikanischen Soldaten, die uns später in Gusen II erblickten, waren völlig entsetzt.

In regelmäßigen Abständen ging ein deutscher Militärarzt unter den Sträflingen herum und führte eine Selektion durch. Sie bestand nur darin, rasch eine Liste von Stammnummern zu erstellen. Diejenigen, die auf dieser Liste standen, wussten, was sie erwartete. Sie protestierten nicht und klagten nicht. Sie waren ausgelaugt, so erschöpft, wie man nur sein kann. Vor Schwäche zitternd, traten sie an – selbst unter diesen äußersten Umständen waren Ordnung und Gleichschritt unerlässlich – und marschierten in ihr Schicksal.

Ich glaube, dass alle, die selektiert wurden, das empfanden, was ich selbst empfunden habe, denn meine Stammnummer stand zwei Mal auf der Liste der zum Tod Verurteilten. In den Tagen und Stunden davor quält man sich, hat Angst, berechnet seine Chancen, ruft sich verzweifelt glückliche Erinnerungen und das Aussehen seiner Liebsten ins Gedächtnis, natürlich bemitleidet man sich auch. Aber sobald die neutrale Stimme des Sanitäters auf Deutsch die Nummer auf der Liste gelesen hat, ist man paradoxerweise erleichtert. Es ist vorbei, es ist vollbracht, es ist erledigt. Es gibt kein Problem mehr, keine Ungewissheit, keine Angst.

Es bleibt nichts als die Ungeduld, mit all dem abzuschließen, und das Bemühen, an nichts zu denken. Und die Verurteilten gehen fort, schwankend, aber ohne zu klagen, ohne sich noch einmal umzudrehen.

Vorher versucht man natürlich, zu entkommen. Man sucht nach Auswegen, man sinnt auf Schutz. Man trachtet danach, seinen Zustand aktiv zu ändern. Ich sah, wie Sterbenskranke sich beim Warten heftig auf die Wangen schlugen, damit ihnen das Blut ins Gesicht steige und ihnen für einen Augenblick den Anschein blühender Gesundheit verleihe. Ein erbärmlicher Versuch, sich zu schützen. Der Arzt sah ihnen nicht einmal ins Gesicht.

* *
*

Nur wenige gingen freiwillig in den Tod. Aber manche taten es. Am Ende ihrer moralischen Widerstandskraft angelangt, reihten sie sich freiwillig in die Gruppe der Verdammten ein. Oder aber sie ließen sich vom Wachturm aus erschießen. Ich hörte vom Fall eines Häftlings, der sich aus einer Höhe von 30 Metern in den Steinbruch stürzte, in dem er arbeitete, wobei er sich an die Schultern eines SS-Mannes klammerte und ihn mit in den Tod riss.

Lange versuchte ich, eine Widerstandszelle aufzubauen. Wie man sich vorstellen kann, war ich nicht der einzige, der auf diesen Gedanken gekommen war. In allen Transporten aus Frankreich, Polen, Griechenland und auch unter den deutschen politischen Gefangenen, die unser Schicksal teilten, gab es Partisanen. Der Aufbau eines Netzwerks hätte den Kontakt mit polnischen Widerstandskämpfern und die Organisation einer Fluchtkette ermöglichen können. Zudem war es durchaus von Interesse, innerhalb des Lagers ein System gegenseitiger Hilfe aufzubauen, dessen Zweck es wäre, das Überleben der daran Beteiligten zu gewährleisten. Uns erreichten Nachrichten – offenbar vor allem über das Frauen-Lager Birkenau, wo die Häftlinge in engerem Kontakt mit der Zivilbevölkerung standen – über die Niederlagen der deutschen Armeen und das Vorrücken der russischen Streitkräfte. Tag für Tag wurde es notwendiger, eine letzte Revolte der Gefangenen zu planen, den Aufstand der letzten Stunde, in Einklang mit der sowjetischen Vorhut.

Unglücklicherweise erwies sich das als unmöglich. Im Oktober 1944 gab es wohl einen Aufstand des *Sonderkommandos* in den Krematorien von Birkenau, aber die Lebensbedingungen dort waren andere. Die achthundert Häftlinge des *Sonderkommandos*, fast alle polnische oder ungarische Juden, innerhalb des Gebiets des KZ streng isoliert, bildeten eine stabile, homogene und relativ privilegierte Gruppe. In einem Umfeld, von dem man wusste, dass es innerhalb einer festgesetzten Zeitspanne kollektiv vernichtet würde – denn es galt zu verhindern, dass später irgendjemand die schreckliche Arbeit der Todeskammern bezeugen könnte – ließ sich eine Organisation aufbauen, die in der Lage war, alles auf eine Karte zu setzen, und dies ist dem *Sonderkommando* ja auch gelungen. Es war ihm geglückt, in den Bezirk der Krematorien eine bedeutende Menge von Sprengsätzen, Waffen und Munition zu schmuggeln. Ich hörte an jenem Abend Schüsse. Aber erst später erfuhr ich mehr über diese Heldentat. Achthundert Menschen ließen in diesem Abenteuer ihr Leben, aber sie hatten 70 SS-Männer getötet.

Für die gewöhnlichen Häftlinge von Auschwitz erwies sich ein solches Unterfangen als undurchführbar, selbst in jenen Perioden, in denen das Lager im zufälligen Spiel der Oberbefehle in den Genuss eines etwas humaneren Regimes kam. Der überwiegenden Mehrzahl der beständig von Sterben und Tod umgebenen Strafgefangenen mangelte es an der minimalen Stabilität, die für eine Revolte nötig ist. Außerdem bemerkte ich von Anfang an den Gegensatz zwischen den Nationalitäten und ich erkannte rasch, dass es unmöglich war, gegen eine Abkapselung zu kämpfen, die oft auch noch von wechselseitiger Feindseligkeit begleitet war. Widerstand war nur vorstellbar mit Verbindungen und im geheimen Einverständnis zwischen allen Blocks. Nun waren wir aber nicht einmal im engen Rahmen des Kommandos oder des Schlafsaals miteinander gut Freund. Meine Gefährten wechselten ständig. So rasch fand ich keine Sympathie in einem Blick, dass sie nicht schon wieder in Abwesenheit oder Tod dahinschmolz. Die kostbare Intimität, durch die geteiltes Leid sich verringert oder nachlässt, und die, um sich herauszubilden oder zu entfalten ein wenig Zeit braucht, war uns verwehrt. Jeder fühlte sich einsamer und verlassener als er in einer Gefängniszelle gewesen wäre. Es gab sogar Augenblicke, in denen wir einander einfach nicht mehr ertragen konnten, in denen wir einander hassten, einander anschrien, heftig um die Gerechtigkeit der Essensaufteilung zankten, uns beschimpften und uns um einen Bissen Brot, einen Löffel Suppe prügelten. Dann war der Knüppel des vom Lärm herbeigelockten Kapos nötig, um uns zu trennen.

Weil wir keine Möglichkeit hatten, uns zusammenzuschließen, nicht einmal uns zu verständigen, blieb jedem einzelnen von uns Verdammten nichts anderes übrig, als für sich allein sein Heil zu suchen. Und diese wilde Einsamkeit, dieser zutiefst erniedrigende Hass, der sich auf alle Menschen in unserer Umgebung ausdehnte, war so groß, dass ich mich bisweilen fragte, ob wir im Falle unseres Überlebens uns jemals wieder an ein normales Leben anpassen könnten. Mir erschien das unmöglich.

Wir waren zänkisch, misstrauisch, heuchlerisch, ständig verängstigt und verstört. Kaum kam es vor, dass die Anwesenheit der Folterknechte in uns für Augenblicke einen Rest von eher instinktiver als rationaler Solidarität erweckte. An organisierten Widerstand war gar nicht zu denken. Im besten Falle konnte man vielleicht sabotieren, wenn die Arbeitsbedingungen dies zuließen – was selten der Fall war –, oder man konnte den Dienst aus Mattigkeit schleifen lassen, was plausibler schien. Man konnte eine ungenügende Aufsicht nutzen oder die Aufsicht hinters Licht führen. Ich tat dies so oft wie nur möglich auf allen Baustellen und in allen

Werkstätten, wo ich eingesetzt wurde. Oft gelang es mir, die Aufgabe, die ich ausführen sollte, nur zu einem Zehntel zu tun, und sie in manchen Fällen ganz ungetan zu lassen. Wie bescheiden das Resultat meiner Ränke auch scheinen mag und wie weitgehend es auch durch das unmenschliche Arbeitstempo, dem wir unterworfen waren, kompensiert worden sein mag, ich bin doch nicht wenig stolz darauf. Ich bekämpfte den Feind mit allen mir zur Verfügung stehenden Mitteln.

KAPITEL VII

BERGARBEITER IN JAWORZNO

Es kam ein Tag in Jaworzno, an dem ich so tief im Elend war, dass es nicht mehr tiefer ging. Das war drei Monate nach meiner Ankunft in diesem Lager. Auf einem Bett des Reviers, so schwach, dass ich mich kaum regen konnte, wartete ich auf meine Selektion. Drei Monate des Elends hatten mich völlig ausgebrannt.

Ich hatte meine Laufbahn als Zwangsarbeiter in Birkenau begonnen, wo ich zum Entladen von Baumstämmen eingesetzt wurde. Die Arbeit war hart, aber ich war noch bei Kräften. Baumstämme von einem Lastwagen abladen und sie gemeinsam mit einem Kameraden auf der Schulter fünfzig Meter weit schleppen, die Stämme übereinander stapeln, zum Lastwagen zurückkehren, wieder von vorn beginnen, immer wieder, zwölf Stunden lang, immer im Laufschritt, und als Atempause nur die halbe Stunde der Mittagssuppe oder die Augenblicke, in denen die Aufmerksamkeit des *Vorarbeiters* nachlässt – das reicht aus, um einen Mann in wenigen Wochen umzubringen, besonders wenn man das Ernährungsregime von 700 Kalorien pro Tag bedenkt. Zudem teilten die Kapos mörderische Hiebe aus und jeder Schlag, der traf, brachte uns noch näher an den Rand völliger Erschöpfung.

Ich war dem Zusammenbruch nahe, die Schultern zerschlagen von den Lasten, die Füße in den Holzpantinen zerschunden, als ein *Stubendienst* erschien, mit dem ich Bekanntschaft schloss. Die Aufgabe eines *Stubendiensts* ist es, die Zimmer in Ordnung zu halten und Lebensmittel zu verteilen. Im Allgemeinen muss er mehr arbeiten als die anderen, weil seine Funktion ihn ja nicht zur Gänze des Dienstes auf der Baustelle oder in der Werkstatt entbindet, aber er hat Anrecht auf Zuschläge zu seiner Essensration. Wie schlecht das Brot auch sein mag und wie substanzlos die Suppe, man hat doch Überlebenschancen, wenn man sich satt essen kann. Es gibt für einen findigen Stubenburschen immer Möglichkeiten zum „Organisieren", die dem gewöhnlichen Häftling verwehrt sind. Als Vertrauensmann des *Blockältesten* – das ist der Titel des Kapos, der für den Block verantwortlich ist –, bewandert in den Bedürfnissen und Wünschen seines Herrn, in Kontakt stehend mit verschiedenen Lager-Autoritäten, kann der *Stubendienst*, wenn er geschickt ist, zum unerlässlichen Gehilfen, zur ausführenden Kraft der tausend Schwarzhandelsgeschäfte werden, die im Lager ablaufen. Aber er kann auch beim geringsten Schnitzer seinen Posten verlieren und wieder in die große Herde der Strafgefangenen eingegliedert werden.

Der *Stubendienst*, den ich durch Zufall kennenlernte, war Pariser und hatte meine Eltern gekannt. Er war nicht allzu sehr abgemagert: Ein Mann, der sein Gewicht von 90 Kilo auf 60 Kilo reduziert hat, war nicht allzu sehr abgemagert. In der Lagerhierarchie erschien er mir die Privilegien eines Soldaten erster Klasse zu haben. Er konnte sich eines Netzes nützlicher Beziehungen bedienen. Diese stellte er bald in meinen Dienst, das heißt, er empfahl mich einem *Vorarbeiter*, der einen Arbeitertrupp in einem jener Kommandos anführte, die bei der Montage einer Elektro-Fabrik mitarbeiteten.

Das war eine erste und kurze Chance. Der, der sie mir bot, lebt noch. Er tat nichts anderes für mich als mich in diesem Trupp unterzubringen, wo ich, da mir jede technische Fähigkeit völlig fehlte, nur so tat, als arbeitete ich. Aber diese Gefälligkeit, die er mir da erwiesen hat, gehört zu den Dingen, die man nie vergisst. Der *Vorarbeiter*, der mich in Empfang nahm, ließ Unruhe erkennen. Er war selbst nur ein Häftling, der verantwortlich war für eine Arbeitsgruppe und den Befehlen eines Kapos unterstand.

Auch ein *Vorarbeiter* war ein privilegierter Häftling, der in der Lage war, länger durchzuhalten als die anderen, denn sein Auftrag bestand darin, eher seine Mannschaft zur Arbeit anzutreiben als selbst zu malochen. Um diesen Posten zu bekommen und zu behalten, musste man zum Doppelgänger des Kapos werden, also dessen Mentalität annehmen und den Knüppel schwingen wie er. Diese Ehre und dieser Rang fielen mir nie zu. Diejenigen, denen sie zuteilwurden, hatten Chancen, durchzukommen, wenn sie sich zu Gebrüll, Beschimpfungen und Prügelei fähig erwiesen. Wenn sie dies nicht im erforderlichen Ausmaß lieferten, wurden sie wieder degradiert, nicht ohne ihrerseits als Preis für ihre Unfähigkeit *fünfundzwanzig auf Arsch* bekommen zu haben.

Der *Vorarbeiter*, der mich in seiner Werkstatt empfing, bemerkte recht schnell, dass ich mir technische Fähigkeiten nur angemaßt hatte und dass ich das allersimpelste Werkzeug nicht zu gebrauchen wusste. Aber er drückte beide Augen zu, da ihm mein Beschützer versichert hatte, ich genösse Gunst und Unterstützung des *Blockältesten*, was eine gewagte Lüge war. Der Vorarbeiter schlug mich, wie die anderen auch, mäßigte aber die Kraft seiner Schläge. Man kann den Knüppel immer zurückhalten und bremsen, wenn er auf den Rücken trifft. Außerdem wies er mir einen Platz in einer dunklen Ecke an. Dort ließ sich meine Unfähigkeit verbergen. So verbrachte ich etwa zehn ruhige Tage in der Hölle von Birkenau, genoss die Annehmlichkeiten der Erholung und dazu noch diejenigen einiger Kanten schwarzen Brots, die mir mein Kamerad, der *Stubendienst*, zusteckte. Ich bewahre ihm tiefe Dankbarkeit. Vielleicht hat er mir das Leben gerettet. Als man mich aus dem Kommando hinauswarf – und natürlich dauerte es nicht lang, bis das geschah –, war ich wieder im Besitz meiner Kräfte und einsatzfähiger Füße. Der entsetzliche Dienst am *Holzplatz* hatte ihnen übel mitgespielt. Es war ein schweres Unglück, wenn die Füße verletzt waren. Das geringste Hinken ließ einen sofort nach Gebrechlichkeit aussehen.

Das führte zur Eliminierung. Beim Antreten zum Appell konnte Hinken nicht geduldet werden.

Nach zehn Tagen des süßen Nichtstuns und der Erholung in der Werkstatt wurde ich von dem für diesen Sektor zuständigen Kapo entdeckt und wieder in die Dunkelheit hinausgestoßen. Glücklicherweise gab es keine Untersuchung über die betrügerischen Manöver, die es mir erlaubt hatten, mich dort einzuschwindeln. Man behandelte mich als „Haufen Scheiße" und „Hurensohn". Man traktierte mich mit Faustschlägen und Fußtritten und man warf mich hinaus. Fortan wusste ich recht genau, wie man Schläge abwehrt und Beschimpfungen erreichten mich nicht mehr. Das Kommando, das mit dem Ausladen der Baumstämme beauftragt war, holte mich auf der Stelle wieder zurück und ich begann wieder hin- und herzulaufen.

Es bestand die Gefahr, dass dies noch lang so weitergehen würde – zumindest bis zur totalen Erschöpfung –, da ich über keinerlei besondere berufliche Fertigkeiten verfügte. In den kurzen Lehrzeiten meiner turbulenten Jugend hatte ich keinerlei technische Qualifikation erworben. Ich war Boxer und sonst nichts, der Schützling des berühmten Trainers Jean Bretonnel, der mir damals gern eine brillante Zukunft voraussagte. Aber im Lager von Birkenau gab es keine Zukunft für einen Boxer.

Durch einen glücklichen Zufall verließ ich bald den *Holzplatz* von Birkenau.

Eine Kommission, bestehend aus einem SS-Offizier, einem Militärarzt und zwei oder drei Zivilisten von außerhalb des Lagers kam zum Bauplatz und ließ uns vorüberdefilieren. So stand ich plötzlich splitternackt und in Habachtstellung in einer Kolonne von Häftlingen, die wegen ihrer scheinbaren Stärke ausgewählt worden waren. Man brauchte Arbeiter für das Kohlebergwerk von Jaworzno. Der Arzt untersuchte uns mit besonderer Sorgfalt. Er setzte uns sein Stethoskop auf die Brust, betastete den Bizeps, ließ uns den Mund aufmachen. Zusammen mit etwa hundert anderen wurde ich für die Funktion eines Schwerarbeiters für gut befunden.

In einem Lastwagen transportierte man uns an einem sonnigen Tag in das etwa zehn Kilometer von Auschwitz entfernte Lager Jaworzno. Aber ich sollte dort nur wenig Gelegenheit haben, die Sonne zu sehen. Ich stieg sofort tief hinab ins Bergwerk und dort verbrachte ich meine Arbeitstage, von sechs Uhr morgens bis sechs Uhr abends.

Jaworzno war damals ein Lager im Aufbau. Es gab dort nur wenige hölzerne Baracken, einige weitere begann man gerade zu errichten. Es war eins der zahlreichen Nebenlager von Auschwitz und man hatte es wegen des Arbeitskräftebedarfs eines Bergwerksunternehmens an dieser Stelle angesiedelt. Ebenso war es in Monowitz und in Miskowitz, wo die Lebensbedingungen der Häftlinge sehr ähnlich waren.

Auf den ersten Blick wies das Lager einige Vorteile auf. In Birkenau, von wo ich kam, gab es Dreck, Gestank, übervolle Baracken, am Horizont die Schlote der Krematorien. Die Einrichtungen von Jaworzno schienen mir einfach, aber neuwertig zu sein. Die dreistöckigen Etagenbetten hatten ausreichend saubere Strohmatratzen. Die Ernährung war wohl dieselbe, da alle Häftlinge dieselbe Kost bekommen mussten und die Lebensmittel zur Gänze auf dem Territorium von Auschwitz produziert wurden. Aber mir schienen die Rationen größer. Zudem konnte man bessere Lebensbedingungen erhoffen, da die Häftlingskommandos, die die Trupps von zivilen Arbeitern unterstützten, ausgebildeten *Meistern* unterstanden und damit in gewissem Maße der Tyrannei der Kapos entzogen waren. Ich wusste, dass zur selben Zeit tausende und abertausende von Sklaven – Juden, Russen und Polen – in den weiten Ebenen an der Trockenlegung der Sümpfe und im Straßenbau schufteten und ich glaubte, mich dafür beglückwünschen zu dürfen, dass ich zur Würde eines Bergarbeiters aufgestiegen war.

Ich brauchte nicht lange, bis ich klein beigab. Die Arbeitsbedingungen waren aufreibend. Sie waren dies manchmal
weniger, wenn der Trupp, dem ich angehörte, von einem
verständigen Vorarbeiter geleitet wurde, oder wenn die
Enge der Stollen, in denen wir arbeiten mussten, den Einsatz des Knüppels verhinderte. Aber die deutschen Arbeiter,
die man dort einsetzte, hatten nur allzu viele Gründe, uns
auszubeuten und nur selten gaben sie uns ein paar Krümel
ihrer Mahlzeiten ab. Ich musste endlose Tage lang vollbe-
ladene Kohlenwagen die Gänge hinaufschieben, wobei ich
mir mal von hier, mal von da einige Stockschläge auf die
Schultern einfing. Nach der abendlichen Dusche, wenn uns
die Aufzüge wieder ans Tageslicht beförderten und man uns
ins Lager zurückbrachte, war ich zu erschöpft, um etwas
anderes zu tun als hastig zu essen und dann zu schlafen.

Der erste Monat war erträglich, der zweite mühselig. Zu
Beginn des dritten Monats begann mein Leidensweg.

Jeden Morgen mussten wir um fünf Uhr aufstehen und
15 Minuten später zum Appell antreten. Man zählte uns.
Man zählte uns ununterbrochen, weil immer einige fehlten,
am Vorabend verlegt worden waren oder in den Baracken
geblieben waren, weil sie nicht aufstehen konnten. Bei der
geringsten Unsicherheit begann das Zählen von neuem. Die
SS fürchtete, dass Häftlinge flohen, was in einem nach außen
hin recht schlecht abgesicherten Arbeitslager relativ einfach
war. Vielleicht konnte man tatsächlich dort der Überwachung am besten entkommen und Kontakte zur Zivilbevölkerung knüpfen. Ich habe später oft bedauert, dass ich nicht
versucht habe, das zu nutzen. Eigentlich hätte man dafür
länger dort sein müssen. Jaworzno war eins jener Lager, in
denen es Widerstandskämpfern besser als anderswo gelang,
sich zusammenzutun und sich zu organisieren, aber es war
schwierig, sich in eine Gruppe einzugliedern, so groß war
das Misstrauen der Gruppenmitglieder.

Nach dem Appell brach das Kommando zu Fuß zur Arbeit
auf und der Weg war lang. Wir plagten uns ständig wegen

des unebenen Bodens. Wir hatten nur ein bisschen heißes Wasser zu uns genommen, das jeweils für vier Häftlinge in einer „Miska" – einem Napf – gereicht wurde, und hatten, um gerecht zu teilen, die Schlucke gezählt. Sonst hatten wir nichts bekommen. Diese Schale Wasser war unsere ganze Stärkung für den Marsch zum Bergwerk und für zehn Stunden Arbeit ohne Unterbrechung. Die Hitze in den Stollen war so drückend und der Durst so quälend, dass es vorkam, dass ich meinen Urin trank. Das machten wir alle. Wir urinierten in die Hand und wir tranken. Manchmal hatten wir das Glück, dass wir auf ein wenig Flüssigkeit stießen, die über den Felsen rieselte – wir stürzten uns darauf.

Zu Mittag gab man uns Suppe, manchmal war sie dick, aber immer nur in Wasser gekochtes Gemüse. Während der Stunde Pause, die man uns zugestand, bemühten wir uns, irgendetwas zum Essen zu finden oder zu erbetteln und waren glücklich, wenn wir eine Kartoffel ergattern konnten, die aus dem Beutel eines Zivilarbeiters gefallen war.

Dann arbeiteten wir wieder, bis es sechs Uhr abends war und wir ans Tageslicht stiegen. Es begann nun wieder der lange Marsch zurück zum Lager. Ein weiterer Zählappell, zwei Mal, drei Mal, zehn Mal von neuem begonnen. Man verteilte eine Scheibe Brot, auf die wir uns wie Hunde stürzten, so sehr zerriss uns der Hunger die Eingeweide. Und wenn wir schließlich hofften, Ruhe zu finden, mussten wir beinah jeden Abend bei gleißendem Flutlicht irgendwelche Instandhaltungsarbeiten am Lager vornehmen oder die Innenräume putzen. Zum Schlafen blieb uns wenig Zeit und nie waren wir sicher, nicht mitten in der Nacht für einen neuen Dienst oder eine Kontrolle geweckt zu werden.

Der Sonntag, an dem die Arbeit ruhte, war ein wahrer Segen, aber weder Appelle noch Dienste fielen deshalb weg. Selbst wenn wir in den Genuss eines ganzen freien Tages gelangten, so brachte uns dies doch nicht wieder zu Kräften.

Die Erschöpfung der Muskeln nahm zu durch die ununterbrochene nervliche Anstrengung, die ständige Angst vor

Schlägen. Die Kapos ließen den Arbeitsrhythmus nicht erlahmen, trieben uns immer wieder zu mehr Eile an, beschimpften und bedrohten uns unter Gebrüll, zerrissen unsere Ohren mit ihrem Geschrei, versetzten uns ständig in einen Alarmzustand, dem niemand standhalten konnte.

Ich maß jeden Abend den Fortschritt meines körperlichen Verfalls. Mein Oberschenkel ließ sich immer leichter mit beiden Händen umspannen. Eines Tages konnte ich unter der Haut den Knochen fühlen. Vielleicht wäre es mir doch gelungen, länger durchzuhalten, wenn mich meine Füße nicht im Stich gelassen hätten. Wunden auf meinen Zehen, die man hätte versorgen und abdecken müssen, hatten sich geöffnet. Sie eiterten. Aber wie hätte ich sie versorgen sollen? Ich wagte nicht, beim Krankenrevier vorstellig zu werden, weil es einen schlechten Ruf hatte. Man musste nur hören, was jene erzählten, die dort gewesen waren.

Eines Morgens brach ich in ganz schlechter Verfassung zur Arbeit auf. Ich hatte eine unruhige Nacht voller Albträume hinter mir. Meine Füße schwollen an. Vor allem der rechte Knöchel, dick geschwollen und schmerzend, ließ mich hinken. Trotzdem kam ich schließlich ans Ende des drei Kilometer langen Weges. Der Tag zog sich hin, für mich glühender denn je. Ich tat mein Bestes, um der Aufsicht des Vorarbeiters zu entkommen, berief mich auf die – übrigens reale – Zerrüttung meines Darms, um mich mehrfach zurückzuziehen. So gelangte ich ans Ende des Arbeitstages, aber ich fühlte, wie das Fieber anstieg.

Der Rückmarsch war eine Marter. Meine Beine trugen mich nicht mehr. Als ich mit den anderen vor den Baracken Halt machte, wurde ich von Schüttelfrost erfasst, mir wurde schwarz vor Augen und ich brach zusammen. Man trug mich auf einen Strohsack.

* *
*

Am nächsten Morgen wurde ich am *Revier* vorstellig.

Die Krankenstation von Jaworzno war noch behelfsmäßiger ausgestattet als das übrige Lager. Die Kranken wurden dort auf dreistöckige Etagenbetten geworfen, wie sie auch in den Baracken standen, und es gab nur einen Arzt und zwei oder drei Pfleger – auch sie Häftlinge –, um die Kranken zu versorgen.

Dieser Arzt, der wie alle anderen die Häftlingstracht trug, reihte uns völlig nackt vor sich auf. Da standen wir Hinkebeine nun, auserwählt unter den anderen Kranken, und er verpasste uns eine Spritze. Ich weiß nicht, was er uns injizierte. Wir hatten gerüchteweise gehört, dass manche Spritzen tödlich waren. Aber es war natürlich undenkbar, sich zu widersetzen oder den Doktor, der übrigens gar nicht Französisch sprach, Fragen zu stellen. Als er mich untersuchte, brummte er etwas auf Deutsch, von dem ich nur verstand, dass ich Phlegmone, also eitrige Entzündungen, hatte. Meine Knöchel waren heiß und geschwollen. Ich hatte eine entsetzliche Nacht unter meinen Kameraden verbracht, stöhnend und bisweilen phantasierend, der Kopf glühend vor Fieber.

Lange hatten wir auf den Arzt und seine Spritze gewartet. Ich weiß nicht, ob sie bei mir irgendwelche heilende Wirkungen entfaltete, aber kaum hatte ich mich nach mühsamem Klettern in der obersten Etage der Stockbetten niedergelassen, als ich schon in schweren Schlaf fiel. Zur Stunde der Suppe erwachte ich und begann, die Örtlichkeiten zu erforschen.

Es war ein Schlafsaal mit hundert oder hundertzwanzig Betten, jeweils drei Etagen hoch gestapelt, so ziemlich alle belegt, beladen mit ausgemergelten Menschen, deren Anblick mich erschreckte. Ich hatte viele entkräftete „Muselmänner" gesehen, aber nie versammelt, an einem Fleck zusammengepfercht, und außerdem gehörte ich nun zu ihnen, ich selbst war jetzt ein „Muselmann", ich fühlte mich verurteilt.

Diese nackten, geschorenen Männer mit bleichem Körper, die meisten über jedes vorstellbare Maß hinaus abgezehrt, manche scheußlich aufgeschwollen, schienen nur mehr auf den Tod zu warten. Tatsächlich starben mehrere während meines Aufenthalts. Meist nachts. Das Röcheln des Sterbenden mischte sich mit dem Schnarchen der anderen. Am Morgen rief der Bettgenosse, damit man den Leichnam fortbrachte. Aber man musste auf den Leichensammeldienst warten.

Da war der Geruch. Der Geruch, den die fiebrigen Körper und die eiternden Wunden verströmten. Der Geruch der verschwitzten Strohsäcke. Der Geruch des Scheißkübels, den der Sanitäter ab und zu ausleeren ging – oder eher: den er von zwei Kranken entleeren ließ, die in der Lage waren, zu gehen, und die er zu den Latrinen begleitete.

Ich räume gern ein, dass Mehrbettzimmer in Spitälern niemals Orte des Frohsinns sind, wie groß auch der Komfort sein mag, den die Kranken genießen. Aber das *Revier* von Jaworzno war ein einziger Albtraum. Niemals war mir körperliches Elend in solchem Licht erschienen. Es wäre ein Ding der Unmöglichkeit, zu behaupten, man empfinde in einem solchen Klima der Verwesung keine Verzweiflung.

Und doch wehrte ich mich gegen sie.

Die Kranken erhielten keinerlei Behandlung. Wie hätten sie auch behandelt werden können? Der Arzt und die Sanitäter, die in einem kleinen Zimmer neben unserem Schlafsaal untergebracht waren, verfügten wahrscheinlich über fast nichts anderes als Aspirin und Jod-Tinktur. Außer den morgens verabreichten Spritzen sah ich keine Medikamente. Man meinte wohl, dass Heilung nur durch die Kraft der Natur, nicht durch das Handeln eines Menschen erzielt werden könne. Denn eine durch die Kraft der Natur erzielte Heilung war ein Beleg dafür, dass der Organismus des Patienten noch über Kraftreserven verfügte und dass man ihn wieder verwenden konnte, wohingegen die Notwendigkeit eines medizinischen Eingriffs die Ohnmacht dieses Organismus deutlich erkennen ließ. Es war daher angebracht, ihn krepieren zu lassen, sowohl um Kosten für die Medikamente zu sparen, wie um sich nicht mit einer trügerischen Erholung zu belasten. Übrigens brauchten die Deutschen nicht an Menschenmaterial zu sparen. Es gab davon im Überfluss. Dank eines Vertrages, der zwischen der SS von Auschwitz und dem Bergwerkdirektor von Jaworzno abgeschlossen worden war, musste jeden Tag eine bestimmte Anzahl von Zwangsarbeitern in arbeitsfähigem Zustand gestellt werden. Niemand verlangte, dass es immer dieselben Arbeiter seien, vorausgesetzt, die Anzahl stimmte. Man konnte das Menschenvieh ebenso gut nach Gewicht liefern!

Es stimmt nicht ganz, wenn man sagt, man habe die Kranken krepieren lassen. Man half ein wenig nach. Der Chefarzt des *Reviers* war nicht der erbarmungswürdige deutsche Doktor, der dort in dem Zimmerchen lebte, wahrscheinlich als Jude, Kommunist oder Freimaurer nach Auschwitz deportiert, in jedem Fall also als Regime-Gegner, sondern ein Militärarzt der SS mit spiegelblank gewachsten Stiefeln, der jeden Morgen in seinem Wagen vor der Tür des *Reviers* vorfuhr und polternd den Saal betrat. Er musste der *Oberarzt* für mehrere Krankenstationen sein, die über den ganzen Sektor verstreut waren. Wenn er eintraf, rief der Sanitäter „*Achtung!*" und nahm stramme Haltung an, während unser Doktor herbeieilte. Dieser Oberarzt behandelte natürlich niemanden. Er verwaltete. Im Allgemeinen gab er sich mit einer kurzen Inspektion zufrieden, warf einen Blick in Papiere, die man ihm reichte und gab Anweisungen. Erleichtert sahen wir ihn wieder fortgehen. Aber von Zeit zu Zeit nahm er eine Selektion vor. Er ging zwischen den Betten umher, warf einen Blick auf die nackten Männer und wenn ihm der Kranke nicht wieder verwendbar schien, wurde sein Krankenblatt aus der Menge herausgezogen. Am Ende des Saals angelangt, zählte er die Blätter, konferierte einen Augenblick mit dem Doktor und ging eiligen Schritts davon.

Eine halbe Stunde später – die Zeit, die es braucht, sein Register zu aktualisieren und seine Liste zu erstellen – rief der Sanitäter zehn oder fünfzehn Stammnummern auf und wies deren Träger darauf hin, dass sie sich bereithalten müssten, in den *Krankenbau* von Auschwitz evakuiert zu werden.

Jeder wusste ganz genau, was das bedeutete. Es gab kein Klagen und kein Jammern. Manche weinten still in ihrer Ecke, aber die meisten blieben stumm und ruhig, als hätte die Ankündigung ihrer Selektion ihrer Angst ein Ende gemacht. Sie ließen sich nichts vormachen. Das Krankenhaus von Auschwitz war die trügerischste aller Hoffnungen. Man würde sie direkt in die Gaskammer bringen. Man musste Platz machen für andere, denn jeden Morgen wurden bei der Visite neue Kranke vorstellig.

* *
*

Man muss annehmen, dass mein Körper noch nicht ausgemergelt genug, mein Fuß nicht marode genug war. Ich wurde nicht selektiert. Nach und nach kehrte die Gesundheit zurück. Während der acht Tage, die ich im *Revier* blieb, gelang es mir, ein wenig zu essen. Die Appetitlosigkeit der Schwerkranken vergrößerte die Rationen der anderen. Um mich völlig wiederherzustellen, hätte ich nahrhafteres Essen gebraucht, aber die relative Fülle an Nahrung ermöglichte es mir, wieder auf die Beine zu kommen. Mit erstaunlicher Geschwindigkeit schlossen sich meine Wunden, das Leiden schien zu schwinden. Offenbar sind solche Heilungen selten, vor allem, wenn der Organismus geschwächt ist. Ab dem vierten Tag konnte ich gehen, ohne dass es mir allzu wehtat, was den Sanitäter dazu veranlasste, mich mit dem abscheulichen Latrinendienst zu betrauen. Man gewöhnt sich an alles. In meiner Lage und wissend, was mich erwartete, sobald ich wieder im Bergwerk arbeiten würde, wäre ich gern bereit gewesen, diesem Dienst nachzukommen, Tag für Tag und Nacht für Nacht, bis der Krieg vorbei wäre, trotz des Gestanks, trotz des Drecks, trotz des deprimierenden Anblicks von Leiden und Todeskampf. Gerne hätte ich weiterhin mein Stück Schwarzbrot neben diesem Kübel voller Exkremente gegessen, neben diesen Kranken, die unter sich ins Bett machten.

Aber alles hat ein Ende. Ich war noch nicht geschickt genug, um herauszufinden, wie ich im *Revier* bleiben könnte. Der Arzt erklärte mich für gesund.

* *

*

Ich nahm meine Arbeit im Bergwerk wieder auf. Wieder der Marsch von drei Kilometern, wieder die Kohlewagen, die stickigen Galerien, der Durst. Ich besaß nicht mehr die Energie, die ich zu Beginn gehabt hatte, und ich wurde jeden Tag schwächer. Gewiss, ich bemühte mich, die körperliche Anstrengung so gering wie nur möglich zu halten. Zudem gelang es mir, einige Vorteile anzusammeln, die ich dem Umstand verdankte, dass ich bereits ein alteingesessener Häftling war. Ich kannte Leute, ich schlug hier und da einige Gefälligkeiten und einige Bissen Brot heraus. Aber der unerbittliche Verschleiß lauerte auf mich.

Während dieser letzten Arbeitsperiode im Bergwerk von Jaworzno traf ich einen englischen Kriegsgefangenen, als mich der Zufall eines dienstlichen Auftrags in die im Aufbau befindliche Fabrik führte. Er arbeitete dort als Mechaniker. Das geschäftige Hin und Her, das dort herrschte, führte dazu, dass wir einen Augenblick allein waren. Ich wurde damals ständig gepeinigt von der Idee, dass ich irgendwie fliehen müsse. So groß, so verzweifelt war mein Bedürfnis, aus all dem heraus zu kommen, dass ich zu jeder Torheit bereit war. Dieser Engländer erschien mir als mein Retter. Er war das Band zur Außenwelt und das Symbol der alliierten Armeen. Ich umschlang ihn leidenschaftlich, ich redete auf ihn ein, in allen Sprachen, die ich auch nur ansatzweise beherrschte, ich sagte, dass ich fliehen wolle und dazu seine Hilfe bräuchte. Aber ach! Er verstand nur Englisch. Jedenfalls gab es mit diesem Gefangenen, der die

Hölle unserer Existenz wohl ahnte, sie aber nicht teilte, keine Verständigung.

Eine Mauer trennte uns. Als Kriegsgefangener und Arbeiter war er durch Gesetze geschützt und durch Privilegien gestützt. Er vermutete meinen Wunsch nicht einmal. Ich konnte kein einziges Wort Englisch. Er hörte mir einen Augenblick zu, dann lächelte er breit, als habe er verstanden, und zog aus seiner Tasche, was er besaß: ein halbes Päckchen Zigaretten und einige Riegel Schokolade.

Meine Enttäuschung hinderte mich nicht daran, einzustecken, was er mir anbot. Ich wäre ein Trottel gewesen, hätte ich es abgelehnt. Dieses Geschenk, das ich so unerwartet erhielt, stellte den Gegenwert mehrerer Tagesrationen an Essen dar. So endete eine Unterhaltung, die kaum noch länger dauern konnte, und die keinen Gegenstand hatte. Später versuchte ich, mich für einen ähnlichen Auftrag einteilen zu lassen, der es mir erlaubt hätte, meinen Engländer wiederzutreffen, aber das war nicht so einfach. Die Chance ergab sich nicht noch einmal.

Einige Tage später fand ich mich trotz meiner Tapferkeit wieder auf dem *Revier* ein.

* *
*

Diesmal war es schlimmer. Meine Wunden hatten sich wieder geöffnet und meine Füße, meine Knöchel, meine Beine schwollen viel rascher an als beim ersten Mal. Der Eiter sammelte sich an vier Stellen. Man brachte mich zu Bett, glühend vor Fieber, fast unfähig, zu begreifen, was um mich herum geschah. Man schnitt die Eiterbeulen mehrfach auf, zuerst der Arzt, dann ein Sanitäter, der für die Funktion eines Sanitäters ebenso befähigt schien wie ich es gewesen wäre. Ich sehe noch immer, wie dieser brutale Kerl mit seinem Skalpell mein Bein bearbeitet. Vielleicht verhinderte er so immerhin, dass sich die Entzündung verschlimmerte, woran ich hätte sterben können. Dann, nachdem das Fieber gefallen war, überwand ich meine Schwäche und ich begann, mich selbst zu behandeln. Ich ließ mir Permanganat und Verbandpapier geben und wieder konnte ich verfolgen, wie die Heilung fortschritt.

Leider waren meine Kräfte aber völlig aufgezehrt, weil ich hohes Fieber gehabt hatte und einige Tage lang keinerlei feste Nahrung zu mir nehmen konnte.

Leicht konnte ich im Blick meiner Nachbarn lesen, dass ich das typische Aussehen eines „Krepierers" hatte, der bestimmt der Selektion zum Opfer fallen würde.

Als der SS-Arzt kam – „Achtung!" –, erlebte ich noch einmal die wohlbekannte Szene. Aber diesmal nicht als Zuschauer. Ich war ein Betroffener. Der Mann mit der tadellosen Uniform, den knappen Gesten, den kalten Augen war so wenig Arzt, wie man es nur sein kann. Mit mechanischem Schritt ging er zwischen den Betten umher und ab und zu zog er eins der Blätter heraus, das er dem Sanitäter reichte. Dann kam ich an die Reihe. Ich war nackt wie die anderen, lag ausgestreckt auf dem Rücken, die Decke war bis über die Füße zurückgeschoben. Er blieb kaum stehen. Mein Blatt gesellte sich zu den anderen, die der Sanitäter in Händen hielt. Es war vorbei...

Als der Arzt das letzte Bett erreicht hatte, kehrte er um und zählte dabei die Blätter. Ich hörte, wie er „Vierzehn" sagte. Er schien einen Augenblick zu zögern, als erschiene ihm diese Zahl unzureichend. Dann verschwand er plötzlich.

Was geschah im Kabinett nebenan, wo der Sanitäter an den Schriftstücken arbeitete? Ich weiß es nicht. Die Minuten verstrichen. Mein Nachbar sprach über den Gang hinweg mit mir. Er hatte noch den Schrecken der eben durchlebten Heimsuchung in den Augen, aber er hatte es überstanden. Er sprach französisch.

„Wurde dein Blatt herausgezogen?"

„Ja!"

„Das will nichts heißen..."

Er versuchte, mich zu trösten, entwickelte verschiedene Hypothesen. Versunken in eine Art Gleichgültigkeit, hörte ich ihm nicht zu. Als der Pfleger mit seiner Liste in der Hand zurückkam, hörte ich, wie er langsam eine Reihe von Stammnummern ausrief. Ich kannte meine ganz genau: Die deutschen Silben, aus denen sie besteht, waren tief in mein Gedächtnis gegraben.

Ich hörte sie nicht.

Völlig verdutzt, richtete ich mich in meinem Bett auf. Ich beugte mich zu meinen Nachbarn.

„Wie viele hat er ausgerufen?"

„Ich habe dreizehn Nummern gezählt."

Mein Blatt war übersprungen worden. Eins jener Geheimnisse, die man nicht ergründen soll. Der unsichtbare Würfelfall, der über Leben oder Tod entscheidet. Ich hatte niemanden auf dem Revier, der mich unterstützte. Übrigens hätte niemand gewagt, das Risiko auf sich zu nehmen, mich zu retten. Mein Blatt war verschwunden, wahrscheinlich durch einen ganz banalen Irrtum. Der Sanitäter war wohl einen Augenblick lang abgelenkt gewesen. Natürlich hütete ich mich, mich darüber zu freuen. Es war nur ein Aufschub.

Vier Tage später tauchte der Oberarzt wieder auf und selektierte mich nun wirklich. Das Unausweichliche geschah. Vier Tage Erholungspause hatten ausgereicht, um mein Befinden zu verbessern, konnten aber nicht bewirken, dass ich strahlend ausgesehen hätte oder den Gewichtsverlust hätte aufholen können. Ich sah immer noch aus wie einer, der im Sterben liegt.

Diesmal kehrte der Sanitäter mit einer längeren Liste zurück. Meine Nummer stand darauf. Ich rief: „Hier!" und stand auf, ohne noch länger zuzuwarten, eher entschlossen, mit all dem ein Ende zu machen, als mich für mein Schicksal zu bemitleiden. Ich hatte genug vom Warten, vom Abschätzen meiner Chancen, vom Zittern. Besser auf einen Schlag Schluss machen mit einem Leben, das die Mühe des Gelebt-Werdens nicht mehr wert war. Freilich war ich betrübt darüber, mit vierundzwanzig Jahren zu sterben, aber ich hätte ja auch, wie so viele andere, an der Front getötet werden können.

Ich zog wieder meine Zwangsarbeiter-Kleidung an. Auf meinen geschorenen Schädel drückte ich die unförmige Mütze. Wir waren etwa zwanzig Elendsgestalten, die vor der Tür des *Reviers* auf der Erde saßen und auf den Lastwagen warteten, der uns nach Auschwitz bringen sollte.

Ich betrachtete meine Füße, die nun wieder in den Pantinen mit den hölzernen Sohlen steckten und ich stellte fest, dass sie so ziemlich geheilt waren. Wo das Skalpell geschnitten hatte, sah man noch Narben, aber die Schwellung war weg, die Haut ohne Wunden. Die Zehen ließen sich normal bewegen. Ich fragte mich nicht, ob es besser sei, geheilt zu sterben. Diese Art von Humor lag mir in dieser Stunde fern. Drei oder vier Burschen weinten leise, ein anderer zitterte krampfhaft und riss den Mund weit auf, als bekomme er keine Luft.

Der Lastwagen kam und blieb vor uns stehen. Wir kletterten hinauf. Einige der Verdammten mussten geschoben und gezogen werden. Sie wehrten sich nicht, versuchten nicht zu fliehen und schrien auch nicht. Sie schwankten nur auf ihren steifen Beinen.

Zwei Soldaten bewachten uns, sie stiegen als letzte auf und saßen einander gegenüber, das Abzeichen der SS am Kragen. Mit gezogener Maschinenpistole. Sie unterhielten sich und betrachteten uns lachend. Ich verstand ausreichend Deutsch, um ihre Worte deuten zu können. Diese waren weder beleidigend noch feindselig, sondern ganz einfach belustigt. Sie sahen uns an, wie man Hanswurste ansieht. Sie wussten recht gut, was uns erwartete, aber das hatte keine Bedeutung mehr. Menschen, die man zu ihrer Erschießung bringt, können Gefühle auslösen, Hass oder Mitleid. Wir zerbrochenen Hampelmänner, die nun ausrangiert wurden, lösten keine Gefühle mehr aus.

Das hämische Grinsen der beiden Männer ärgerte mich und ich dachte einen Augenblick daran, einen von ihnen zu erschlagen, aber ich unterdrückte diesen Impuls. Abgesehen davon, dass ich zu schwach war, um dieses Unterfangen auszuführen, hätte es mir Schläge eingebracht. Ich brauchte nicht noch mehr Leiden. Der Lastwagen rollte über eine völlig leere und völlig gerade Straße, in einer Landschaft, die nicht heiter, aber sonnig war. Ich könnte auch versuchen, während der Fahrt abzuspringen und im Kugelhagel der Maschinenpistolen zu sterben. Ganz bestimmt nicht!

Die Soldaten waren nicht einmal zwanzig Jahre alt. Ich dachte daran, dass Deutschland, um so junge Burschen einzuziehen, schon ziemlich herunter sein müsse. Wir alle wussten das seit langem. Das Deutsche Reich häufte Rückschlag auf Rückschlag an. Den schlimmsten hatte es in Italien erlitten. Der Sturz Mussolinis, der auf Befehl des Königs abgesetzt, inhaftiert und durch Marschall Badoglio ersetzt wurde, hatte für ungeheures Aufsehen gesorgt. Die Neuigkeit war einige Tage zuvor, vermittelt durch einen neuen Arbeitstrupp aus Birkenau, durch den Stacheldraht bis zu uns ins Lager gedrungen. Wir wussten auch, dass den Alliierten eine Landung in Sizilien gelungen war und dass sie nun über eine enorme materielle Übermacht verfügten. An der russischen Front schien sich eine Bewegung in Richtung Ostpreußen anzubahnen, das berühmte Afrika-Korps rieb sich in Tunesien auf. Wir wurden liquidiert, während unser Sieg erblühte, vielleicht wenige Tage vor der Befreiung.

Nun klettern wir im riesigen KZ Auschwitz vor dem *Krankenbau* vom Lastwagen. Wieder lässt man uns warten. Ich sehe Sanitäter hin- und herlaufen. Wir stehen tatsächlich vor dem Krankenhaus des Lagers. Die Hoffnung kriecht wieder hervor, eine schüchterne Hoffnung, die man sofort erstickt, die durch das Geschehen aber bestätigt wird: man unterzieht uns einer zweiten Selektion. Ich war sicher gewesen, dass man uns direkt zur Exekution bringen würde. Tatsächlich hatte ich nie von einer zweiten Sortierung gehört. Aus unbekanntem Grunde greifen die medizinischen Autoritäten von Auschwitz diesmal ausnahmsweise ein. Übrigens sind wir nicht die einzigen, die dieser zusätzlichen Kontrolle unterzogen werden; zwei oder drei weitere Lastwagen haben ihre Ladung neben uns abgeladen und jetzt sind wir etwa fünfzig Jammergestalten, bis zum Skelett abgemagert, zerfressen von Elend, und warten vor dem Spital.

„Ausziehen! Einzelkolonne!"

Ein *Oberarzt* in weißem Kittel, ein Assistent, einige *Schreiber*. Die Kolonne beginnt, langsam an ihnen vorbeizumarschieren, und ich bemerke bald, dass die übrigens nur oberflächliche Untersuchung zu einer Aufteilung führt. Der Arzt sagt immer nur ein Wort: *links* oder *rechts*. Ich begreife rasch. Die Gruppe, die sich links bildet – die bei weitem umfangreichere – ist die Gruppe der Todgeweihten.

Vor mir sind noch zwanzig Männer.

„Links, rechts. links…"

Die emotionslose Stimme des Arztes, die in regelmäßigen Abständen ertönt, verkündet Leben oder Tod. Die *Schreiber* rufen die Stammnummern.

„Links, links."

Die Gruppe links wächst ständig an. Kein Schrei, kein Seufzer. Nun bin ich an der Reihe. Ich straffe mich. Die Sekunden verstreichen.

„Rechts."

Ein weiteres Mal bin ich gerettet.

KAPITEL VIII

AUSCHWITZ

Ich war gerettet, aber für wie lange?

Alles hing von den Lebensbedingungen in Auschwitz ab, denn nach dieser medizinischen Untersuchung, bei der mein Leben nur an einem seidenen Faden hing, wurde ich dem Stammlager zugeteilt. Die Männer der linken Kolonne wurden wieder auf Lastwagen verladen und aus dem Lager gebracht. Niemand sollte sie je wiedersehen.

Diejenigen, die diesem Schicksal entkommen waren, betraten den *Krankenbau* von Auschwitz. Ich verbrachte dort acht Tage, die für mich ein Geschenk der Götter waren. Dann wurde ich einem Arbeitskommando zugeteilt und in einem der Blocks untergebracht.

Von den 28 aus Backstein errichteten Blocks von Auschwitz waren vier dem *Krankenbau* vorbehalten. Das war gewiss kein Sanatorium. Auch hier dreistöckige Etagenbetten und dreckige Strohsäcke. Auch hier Steckrübensuppe und schwarzes Brot. Kaum mehr Medikamente oder Pflege als in den Krankenstationen der Nebenlager. Und selbstverständlich regelmäßige Selektionen, die mit einem Schlag die Pritschen leerten, auf denen wir uns zu dritt drängelten. Aber verglichen mit dem stinkenden *Revier* von Jaworzno war es hier beinah komfortabel. Das Erstaunlichste waren die Toiletten, die ich auch in den anderen Blocks finden sollte und die es anderswo nicht gab. Wir waren beinah völlig befreit vom üblen Geruch, der in den anderen Lagern herrschte, und das war ein erheblicher Fortschritt.

Das medizinische Personal erschien besser qualifiziert zu sein. Ich konnte mich zwar nicht für den Arzt beglückwünschen, der mich behandelte – wenn man denn überhaupt sagen kann, dass ich behandelt wurde -, aber ich hatte das Glück, dort einen Sanitäter zu finden, der mir trotz der vielen Arbeit, mit der man ihn überhäufte, einige Gefälligkeiten erwies. Ein paar Monate später sollte er mir eine noch wertvollere Hilfestellung leisten.

Ich erhielt durch ihn einige Informationen. Bis Anfang 1943 lag der Oberbefehl über Auschwitz beim abscheulichsten Mörder, den Deutschland je hervorgebracht hat. Das war die Zeit, in der die Strafgefangenen, in ihrer Mehrzahl Juden, massenweise totgeschlagen wurden. Als er Auschwitz verließ, atmete man auf. Der neue *Lagerführer*, der vielleicht weniger blutrünstig war oder ganz einfach die Arbeitsfähigkeit der Deportierten erhöhen wollte, führte humanere Umgangsformen ein. Er verbot Schläge, natürlich mit Ausnahme der Disziplinarstrafen, und er ließ in den Blocks die Mitteilung anschlagen, dass das Leben der Arbeiter sicher sei, solang sie ihre Pflichten erfüllten.

Diese Prinzipien waren in Kraft, als ich im November 1943 von Jaworzno nach Auschwitz kam. Sie sollten noch einige Zeit ihre Gültigkeit bewahren, und wahrscheinlich ist es das, was den relativ guten Ruf erklärt, dessen sich das Stammlager unter den Deportierten der Nebenlager und vor allem des nächstgelegenen Nebenlagers, Birkenau, dessen Terror-Atmosphäre ich ja kannte, erfreute.

Bestimmt blieben diese Grundsätze meist nichts anderes als Grundsätze, denn man konnte einen Kapo ja kaum daran hindern, seinen Knüppel zu schwingen, und noch weniger einen SS-Mann. Jeder Deportierte wusste, welchen Repressalien er sich aussetzen würde, wenn er sich erkühnte, sich zu beschweren. Und im Übrigen: wenn auch seltener zugeschlagen wurde, so wurde doch häufiger gestraft – nichts war einfacher als Begründungen für eine Disziplinarstrafe zu finden.

Was Auschwitz deutlicher von seinen Nebenlagern unterschied, war die Möglichkeit, dort zu „organisieren", in dem sehr speziellen Sinne, den dieses Wort im KZ-Jargon angenommen hatte. Seit seiner Gründung war Auschwitz vor allem ein Zentrum der Ausplünderung, in dem gesammelt wurde, was man von den Deportierten erbeutet hatte. In ganzen Zugladungen wurden die Geschäfte des deutschen Reichs damit beliefert. Dies ging zehn Jahre so. Man versteht, warum die Deportierten beim Aufbruch nach Drancy aufgefordert worden waren, sich mit möglichst viel Gepäck zu versehen. Die Züge, die sie ins Lager brachten – zu manchen Zeiten gab es zwei oder drei am Tag – transportierten, ebenso wie die zahllosen Züge aus den osteuropäischen Ländern, ganze Vermögen. Geld, Schmuck, Kleidung stapelten sich in den Magazinen von Auschwitz. Die höherrangigen Kapos, verurteilte Kriminelle, in den Befehlsrang erhoben und damit betraut, die Beute dieses enormen Raubzugs zu sammeln und zu verwalten, versäumten natürlich nicht, einen Anteil zu ihrem eigenem Vorteil und zum Vorteil der SS-Männer, deren Komplizenschaft erkauft werden musste, zu unterschlagen. Jeder stahl, trieb Schleichhandel, bereicherte sich, jeder war kompromittiert, niemand konnte irgendjemanden denunzieren.

Es ergab sich daraus ein relativer Wohlstand für das ganze Lager, auf Ebene der Herren ein realer Wohlstand, immer dünner, je weiter man die Hierarchieleiter hinunterstieg, noch fühlbar auf Ebene der Häftlinge, also der einfachen Deportierten, zu denen ich gehörte. Ausreichend in jedem Fall, um einigen das Überleben zu ermöglichen, vorausgesetzt, das Glück spielte mit. In Auschwitz wie in Mauthausen, in Buchenwald wie in Neuengamme, lernten die Deportierten die tausend Kniffe, durch die man die Essensrationen ein wenig anreichern konnte.

Ich versuchte, listig zu sein wie die anderen, ehrlich gesagt mit bescheidenem Erfolg. Man brauchte dafür viel Wagemut und wenig Skrupel. Ich konnte manchmal eine Scheibe Brot ergattern, die ich eher dem Zufall als meiner Geschicklichkeit zu verdanken hatte, aber meist blieb mir nichts anderes übrig, als mich mit anderen um verfaulte Gemüsereste zu streiten, die wir im Abfall gefunden hatten.

* *
*

Wir mussten also Tricks anwenden, um Essen zu bekommen, um den reißenden Hunger in Schach zu halten, der uns so sehr peinigte – aber das reichte nicht. Man musste auf der Hut sein. In diesem komplexen Universum, in dem alle Nationen vertreten waren, konnte jeder Arbeitsgenosse, jeder Bettnachbar ein Feind sein. Vom gewöhnlichen Dieb, der unter den Augen seines Opfers das Brot stibitzt, bis zum Denunzianten und Verräter musste man alle Formen der Bosheit fürchten. Ein Augenblick genügte, um ausgeraubt zu werden, um einen schmalen Vorteil zu verlieren oder um anstelle eines anderen einer unerwarteten Strafe unterzogen zu werden. Ich sah Unglückliche, die grundlos der Mitwisserschaft bei einem Ausbruchsversuch angeklagt und gemeinsam mit den Schuldigen gehängt wurden.

Man musste nützliche Verbindungen haben, Gefälligkeiten erweisen, um auch welche zu empfangen, man musste gute Adressen und gute Methoden kennen. Man musste ein paar Brocken von allen Sprachen lernen, die im Lager gesprochen wurden – Deutsch, Russisch, Polnisch, Jiddisch – und ihre Mischung ergab schließlich den Spezialjargon von Auschwitz. Ich machte mich recht gut vertraut mit den Finessen des Sträflingsberufs, wie er in den 28 Blocks des Lagers ausgeübt wurde. Ich wusste, was die besten Bauplätze waren und was die schlechtesten, ich wusste, welchem Kommando man sich anschließen sollte und welches man meiden musste wie die Pest. Ich lernte, zu durchschauen, wie jeder einzelne Kapo tickte. Ich kannte die Sadisten, die das Prügeln genossen, die Faulen, die bestrebt waren, sich die Last ihrer Funktion leichter zu machen oder wegzuschauen, die Eitlen, die bereit waren zu jeder Nachsicht, vorausgesetzt, man erwies ihnen alle äußeren Zeichen des Respekts. Ich floh die Sadisten, ich arbeitete für die Faulen, ich ehrte die Eitlen mit makellosem Salutieren.

Und doch blieb ich nicht verschont von Strafen. Ich lernte in Auschwitz die berühmten *fünfundzwanzig auf Arsch* kennen. Man hatte mich in einer Werkhalle der Waffenfabrik, wo ich einige Monate arbeitete, in flagranti erwischt. Einem Kommando zugeteilt, das Munitionsmagazine wieder instand setzen sollte, war es mir gelungen, zwei Magazine in zwei Monaten zu reparieren. Wahrscheinlich ist dies die verdienstvollste meiner Heldentaten. Durchschnittlich sollte man fünfzehn pro Tag reparieren. In Absprache mit einem Kameraden, der einen Vertrauensposten innehatte, häufte ich eine Partie bereits reparierter Magazine vor mir auf. Versteckt hinter diesem Wall, der meinen Arbeitseifer bezeugte, tat ich so, als würde ich mit meinen Werkzeugen hantieren, und täuschte geschickt eine nicht erlahmende Geschäftigkeit vor, wenn ein Aufseher vorbeikam. In Wirklichkeit arbeitete ich immer an demselben Magazin, das ich unermüdlich auseinandernahm und wieder zusammenschraubte.

Das war natürlich zu schön, um lange so bleiben zu können. Eines Tages ließ sich ein SS-Mann einfallen, meine Arbeit zu überprüfen, und er bemerkte meinen Schwindel. Glücklicherweise konnte er nicht beweisen, wie lange ich mich dieses Delikts schon schuldig machte. Auf zwei Monate Sabotage steht Erhängen. Er verurteilte mich zum Ochsenziemer und übernahm selbst die Vollstreckung des Urteils.

Ich ließ meine Hosen hinunter und beugte meinen Oberkörper über die Werkbank. Ich musste die Schläge mit lauter Stimme mitzählen. *Eins, zwei, drei…* Ich kannte diese Marter bereits, da ich sie in Chalon-sur-Saône bereits durch die Gestapo erdulden musste. Die Schläge des SS-Manns in Auschwitz waren ebenso brutal wie die der Gestapo in Chalon und der Ochsenziemer stand in nichts dem Eisenlineal nach. Der Unterschied war nur, dass ich stark abgemagert war. Der Peiniger schlug auf ausgezehrtes Fleisch, das kaum die Knochen schützte. Jeder Schlag verursachte eine gewaltige Erschütterung. Am Ende fühlte ich nichts mehr, ich hatte beinah das Bewusstsein verloren. Verschwommen hörte ich, wie mir der SS-Mann eine letzte Beschimpfung entgegenschleuderte und mich wissen ließ, dass er mich bei erster Gelegenheit hängen lassen würde.

Das war keine leere Drohung. Ich wohnte mehrfach großen Zeremonien bei, bei denen Häftlinge mit Musikbegleitung vor tausenden von habachtstehenden Gefangenen erhängt wurden, die Verurteilten waren Saboteure, in flagranti erwischte Diebe oder Ausbrecher, die man wieder eingefangen hatte. Immer trugen sie ein großes Schild auf der Brust, auf dem die Ursache ihrer Hinrichtung geschrieben stand: ich habe sabotiert, ich verdiene den Tod, usw.

Als ich mich mit blutenden Hinterbacken wieder aufrichtete, glaubte ich, der untere Teil meines Rückens sei gelähmt. Mindestens acht Tage lang konnte ich weder sitzen noch stehen, fand nur, wenn ich auf dem Bauch lag, ein wenig Erleichterung. Jeder Gang zur Latrine war eine grauenhafte Pein. Ich erhielt einige Tage Ruhe und dann teilte man mich einem anderen Kommando zu.

Durch Stacheldraht getrennt, gab es in Auschwitz auch ein Frauenlager. Manchmal sah man diese Unglücklichen, die zur selben Arbeit gezwungen wurden wie wir, ebenso unzureichend ernährt wurden und mit demselben Tempo elendig starben. Es war praktisch unmöglich, sich ihnen zu nähern. Dennoch konnten manche von uns mit ihnen von ferne einige Worte wechseln, wenn Arbeitswege außerhalb des Lagers die Kolonnen zufällig kurz einander näher brachten. So erfuhren wir im Juni 1944 von der Landung alliierter Truppen in der Normandie. Aus mir unbekannten Gründen verfügten die Frauen von Auschwitz über einige Informationen.

Weiter oben habe ich bereits geschildert, wie elend sie aussahen. Die weiblichen Kapos waren ganz besonders gemein. Ich sah, wie sie eine Kolonne entlang liefen und auf die

Rücken der Häftlinge einpeitschten. Die uniformierten Aufseherinnen der SS galten als noch grausamer.

Obwohl die meisten Deportierten kein sexuelles Verlangen mehr empfanden, hörte ich, dass mitunter Ränke geschmiedet wurden. Dank außergewöhnlicher Tricks gab es nachts flüchtige Begegnungen, die manchmal mit dem Tod bezahlt wurden. Man versicherte mir, dass einer von uns Häftlingen sehr lange – ohne darum gebeten zu haben, versteht sich – die Gunstbezeugungen einer SS-Aufseherin erhielt, die wohl dem Reiz der verbotenen Frucht erlag. Der Mann – ich glaube, ein Pole – stand monatelang unter dem Schutz seiner Geliebten, die ihm einen Druckposten verschaffte. Man erzählte mir auch, dass eine deutsche Gefangene, die im Frauenlager als Kapo fungierte, sich regelmäßig junge, frisch eingelangte Häftlinge gönnte.

Für die SS-Männer, die für die Bewachung des Lagers und der Arbeitseinsätze zuständig waren, gab es ein Bordell, das im Jahr 1943 errichtet wurde und das dem Vernehmen nach luxuriös ausgestattet war. Manchmal, wenn sie in der Gunst der Lagerkommandantur standen, erhielten unsere Kapos die Erlaubnis, es zu besuchen. Es gab „Bordellkarten". Ich sah oft, wie einer unserer Kapos mit derben Scherzen seine „Bordellkarte" herumzeigte. Doch im Allgemeinen frönten diese Wüstlinge der Homosexualität, obwohl deren Ausübung strengstens untersagt war.

* *
*

Als Stammlager beherbergte Auschwitz alle Führungs- und Koordinationsorgane des riesigen Lagerkomplexes. Außer den Blocks, in denen sich die Schlafräume der Häftlinge befanden, gab es den Kommandantur- und Verwaltungsblock, die vier Blocks des *Krankenbaus*, die Magazine, die Küchen und den geheimnisvollen Block 11, in dem medizinische Versuche durchgeführt wurden. Wir hatten von Anfang an einige Informationen über das, was dort geschah.

Vor allem Frauen wurden dorthin geschickt. Man vollzog an ihnen Operationen, die tödlich endeten. Einige Opfer überlebten jedoch.

Wie wir später sehen werden, sollte ich selbst Bekanntschaft mit Block 11 machen, nicht, um dort von einem Biologen zerfleischt zu werden, sondern für ein Verhör. Der Block beherbergte nämlich die „*Politische Abteilung*", die Gestapo-Stelle für politische Nachforschungen.

Ein Zimmergenosse aber, ein Russe, der ein wenig Französisch sprach, erzählte mir, was er im Reich der Biologie erlebt hatte, das unter dem Befehl des berühmten Doktor Mengele stand. Gemeinsam mit einem Dutzend anderer selektiert, wurde er in einen Saal des ersten Stocks geführt. Man ließ sie lange warten. Gegen Abend kamen die Unglücklichen einer nach dem anderen auf den Operationstisch, wo sie kastriert wurden. Natürlich ohne Betäubung. Der Russe wartete nicht, bis er an der Reihe war. Sobald er das erste Opfer dieser Marter brüllen hörte, stürzte er sich aus dem Fenster, landete unverletzt auf dem Rasen und lief zurück in seinen Block, wo er sich versteckte. Man versäumte, ihn zu verfolgen. Die anderen ließen es mit sich geschehen, mit dieser unglaublichen Passivität, die ich so häufig beobachtet habe. Man hat sie nie wieder gesehen. Der Russe, der dem entkommen ist, sollte einige Wochen später sterben, nicht als Folge einer Bestrafung, sondern weil er ganz einfach bis aufs Äußerste entkräftet war und sein Zustand ihn unwiderruflich zur Gaskammer verurteilte.

Weil Auschwitz die obersten Organe der Militärverwaltung beherbergte und häufig Inspektionsbesuche erhielt, musste dort mehr als anderswo Ordnung und Anstand herrschen. Ohne Unterlass unterwarf man uns der allerstrengsten Disziplin. Die SS hatte sich in den Kopf gesetzt, diese Schar von Juden, Russen, Polen, Zigeunern nach den

besten Grundsätzen soldatischer Ausbildung im Gleichschritt marschieren zu lassen. Wenn die Kommandos zur
Arbeit aufbrachen, gab ein Orchester das Marschtempo
vor. Anderswo konnte man sich eine gewisse Nachlässigkeit vorstellen, nicht so in Auschwitz. Untauglichkeit zu
militärischem Drill konnte nicht geduldet werden, es kam
vor, dass man sie mit dem Leben bezahlte. Üblicherweise
bestand die Bestrafung in „Sport". „Sport" machen konnte
man in der Gruppe, die Strafe konnte aber auch einem einzigen Schuldigen vorbehalten sein, je nach Einzelfall.

Die Methode ist nicht völlig neu. Sie wird in allen Kasernen der Welt eingesetzt. Aber in den Kasernen dauert das
Strafexerzieren zehn Minuten und die Männer, die ihm
unterzogen werden, sind völlig gesund. In Auschwitz dauerte es eine Stunde oder länger und häufig starb man daran.
Bei Männern eines gewissen Alters machte das Herz einfach
nicht mehr mit.

Wenn es sich um kollektiven „Sport" handelte, verbissen
sich die Kapos oder SS-Männer an den unfähigsten Häftlingen, was den anderen eine Chance ließ. Für einen Einzelnen, der so einem Rohling ausgeliefert war, war die Gefahr
entsetzlich.

Mir wurde eines Tages eine Einzeleinheit Sport zuteil. Ich
hatte bei der Rückkehr ins Lager aus Versehen den Rhythmus des Marschierens gestört. Der SS-Mann, der das Manöver vor dem Wachposten beaufsichtigte, ließ mich vortreten
und zwang mich beinah eine Stunde lang zu qualvollem
Exerzieren.

„In die Hocke, aufstehen, hinlegen, in die Hocke, aufstehen, laufen…"

Wenn die Bewegung zu langsam erfolgte oder unvoll-
ständig war, wenn ich nicht tief genug in die Hocke ging,
versetzte er mir einen Hieb mit seiner Peitsche. Ich wusste
genau: er tötet mich, wenn ich schwach werde.

Ich habe es überstanden. In Auschwitz ging die menschliche Widerstandskraft weit über alle Grenzen des Vorstellbaren hinaus.

KAPITEL IX

POLITISCHE ABTEILUNG

E s war im vierten Monat meines Aufenthalts in Auschwitz, im Februar 1944. Damals zählte ich bereits zu
den Deportierten mit der längsten Aufenthaltsdauer
dort und war einer der wenigen Überlebenden der Zugtransporte vom Juli 1943.

Ich stand nach der Rückkehr von der Arbeit im Abendappell, wartete auf das Ende der unendlichen Zählungen,
mit denen man uns den Feierabend stahl, als ein SS-Mann
auftauchte. Er hielt ein Papier in der Hand. Er rief mich auf.

„Häftling KESSEL, 130 665."

Er gab mir ein Zeichen. Ich trat vor, überrascht und natürlich beunruhigt. Was wollte man von mir? Es war absolut
außergewöhnlich, dass man einen Häftling beim Namen
nannte. Wie die anderen hatte ich mich daran gewöhnt, nur
mit Stammnummer aufgerufen zu werden. Was hatte diese
ungewöhnliche Anrede zu bedeuten? Es versteht sich von
selbst, dass ich den SS-Mann nicht danach fragen konnte.

„Komm mit."

Ich ging mit. Der Mann wandte mir seinen breiten Rücken
im schwarzen Waffenrock zu und schritt ruhig voran. Ich
zermarterte mir den Kopf. Wie gewöhnlich mischten sich
Furcht und Hoffnung. Eine außergewöhnliche Bestrafung
für einen Fehler bei der Arbeit? Man konnte noch lang im
Nachhinein denunziert werden. Die Ankündigung meiner
bevorstehenden Freilassung? Die absurde Idee drängte sich

hartnäckig in meine Mutmaßungen, trotz meines Bemühens, sie zu verjagen. Meine ganze Haftzeit verbrachte ich damit, überspannte Hoffnungen im Keim zu ersticken. Diese hier hatte ihren Ursprung in dem Geschwätz des Vorabends, das auf falschen oder bruchstückhaften Informationen beruht hatte: Hitler auf den Knien, bereit zur Kapitulation, geheime Friedensverhandlungen, Gefangenenaustausch, usw. Es war absurd, aber in der zutiefst verstörten Welt jener Zeit erschien nichts unmöglich, und beim Namen genannt zu werden war so ungewöhnlich, so neu! Ich hatte den Eindruck, wieder ich selbst zu werden, meine Persönlichkeit zurückzugewinnen.

Wir kommen zum Block 11. Das ist das beängstigende Gebäude, in dem man medizinische Versuche durchführt, in dem man Deportierten beiderlei Geschlechts Spritzen gibt und sie verstümmelt. Die Geschichte von Menschen, die wie Schafe kastriert wurden und sich wie Schafe in ihr Schicksal ergaben, kommt mir in den Sinn. Aber ich habe keine Zeit, mir zu überlegen, ob mich irgendein brillentragender Gelehrter zum Eunuchen machen wird. Mein Führer bringt mich in einen recht großen Raum im ersten Stock, wo hinter schweren hölzernen Tischen vier Männer in Zivil sitzen. Sie erinnern mich an die Polizisten von Chalon-sur-Saône und tatsächlich ist es die Lager-Gestapo von Auschwitz, es sind die Männer der *Politischen Abteilung*.

Nicht alle Deportierten sind völlig abgeschnitten von ihrer Vergangenheit. Diejenigen, die eine politische Rolle gespielt haben oder Mitglieder der Résistance gewesen waren, haben hier ihre Akte. Die Politische Abteilung soll geheime Vereinigungen, die sich in den Lagern bilden könnten, überwachen, aufspüren und zerstören, auf Verlangen einer anderen Polizeidienststelle eventuell auch Untersuchungen durchführen und Häftlinge zu Geständnissen oder Denunziationen veranlassen.

Bald klärt man mich auf. Es kommt mir gleich so vor, dass die Sache mit dem Waffentransport, von der ich glaubte, sie sei seit langem begraben, nun wieder hervorgeholt wird. Natürlich kenne ich die Gründe dieser späten Exhumierung nicht. Ich sollte sie nie erfahren. Durchlief meine Akte eine Reihe von komplizierten Zwischenstationen, bevor sie zu jenem Polizeibeamten gelangte, der weitere Untersuchungen anforderte? Oder wartete man darauf, dass mich die Haft schwächte und meinen Willen brach? Keine sehr stichhaltige Hypothese. In der Zwischenzeit hätte ich hundert Mal sterben können. Es kann sein, dass ein neues Faktum das Wiederaufleben der Affäre ausgelöst hatte: die Verhaftung eines Kameraden aus der Résistance, der unter Folter meinen Namen genannt hat. Das ist nicht absolut unwahrscheinlich, aber ich ziehe die Annahme vor, dass es die Aktionen der Widerstandskämpfer rund um Dijon waren, die die Polizei dazu veranlasste, alle alten Akten wieder zu öffnen. Meine gehört dazu. Man sucht nach Kessel und will ihn soweit bringen, dass er sagt, was er weiß.

Die Atmosphäre ist bedrückend. Ein fast völlig kahler Raum. Nur ein paar Regale, auf denen Bücher und Akten liegen. Tische aus massivem Holz. An der Wand das Bild des *Führers* und das Hakenkreuz. Vor den Tischen sitzen vier rauchende Männer. Ich bemerke unter ihnen einen, der klein und blond ist, mit fein geglättetem Haar. Vor ihm steht eine Tasse heißer Kaffee, dessen Duft mir in die Nase steigt. Er sollte sich erst zum Schluss einschalten. Die anderen drei blättern in Papieren, wohl Untersuchungsberichte und Protokolle von Einvernahmen. Sie sind schwer gebaut, mit nichtssagenden Zügen, so nichtssagend, dass mir heute nicht mehr gelingt, sie mir ins Gedächtnis zu rufen. Das Gesicht des kleinen Blonden prägte sich dagegen tief in meine Erinnerung.

Der SS-Mann, der mich herführte, kündigt „*Häftling Kessel*" an, salutiert und geht.

Nun stehe ich allein vor meinen Feinden. Schwach, unbewaffnet, in Häftlingskleidung, mit geschorenem Kopf. Beim Eintreten nahm ich mechanisch meine Mütze ab und nun stehe ich stramm. Die Männer werfen einen eher blasierten Blick auf mich Jammergestalt und wechseln einige Worte. Worte, die ich ganz gut verstehe, allerdings verstehe ich eher den Tonfall, die Mimik, die geringschätzige Grimassen als die Worte selbst: sie drücken Skepsis über die Wichtigkeit der ganzen Angelegenheit aus, Ärger darüber, dass man eine Untersuchung durchführen muss, die zu nichts führen wird, abschätzige Kommentare über die ferne Dienststelle, die diese Untersuchung verlangt... Sie sprechen ungeniert in meiner Gegenwart. Warum sollten sie sich auch genieren? Ich gelte ihnen ebenso wenig als Mensch wie ein Scheit Holz.

Einer von ihnen deutet mir, dass ich näher kommen soll, und das Verhör beginnt. Der Mann spricht ein recht gutes Französisch, sucht manchmal lange nach Worten:

„Du heißt Kessel?"

„Ja."

„Franzose?"

„Ja."

„Geboren in Paris am 26. Juli 1919?"

„Ja."

„Wohnhaft in Paris, Rue Claude-Decaen 72?"

„Ja."

„Verhaftet in Dijon am 14. Juli 1942?"

„Ja."

„Sag uns, was du in Dijon gemacht hast."

Jetzt sind wir also dort, wo wir hin sollen. Ich werde mein Verteidigungssystem weiterführen und meinen Antworten den Ton von Aufrichtigkeit verleihen müssen. Im Straflager bin ich ein recht guter Schauspieler geworden. Die Kunst des Schwindelns erlernte ich zuerst in der Schule und mehr noch im Regiment. Aber vervollkommnet habe ich sie in Auschwitz.

„Ich wollte die Demarkationslinie überqueren."

„Nein."

„Ich schwöre."

„Nein."

Dieses Nein wird gebrüllt. Ich kenne diesen aggressiven Einsatz der Stimme bei der Gestapo. Ich weiß: zuerst das Gebrüll, dann die Faust.

„Hältst du uns für Trottel? Sag uns, was du da unten gemacht hast."

Die beiden anderen Polizisten stehen links und rechts neben mir und einer von ihnen ohrfeigt mich jetzt. Tränen der Wut steigen mir in die Augen, aber ich zwinge mich dazu, weiter zu lügen und zu beteuern, dass ich aus Paris gekommen bin, dass ich jemanden suchte, der mir beim Überqueren der Demarkationslinie helfen könnte, dass ich zu diesem Zweck Geld bei mir hatte...

„Und du hattest kein Gepäck?"

„Nein."

Eine weitere Ohrfeige, die mich beinah zu Boden wirft.

„Du wirst uns jetzt die Wahrheit sagen. Als man dich in Dijon geschnappt hat, bist du nicht aus Paris gekommen, du bist aus Chalon-sur-Saône gekommen und du hast Waffen transportiert."

„Das ist nicht wahr."

„Du wirst uns jetzt alles sagen, Kessel. Du wirst uns sagen, mit wem du gearbeitet hast. Denn natürlich warst du nicht allein."

Ich verteidige mich weiterhin, aber ohne besondere Begeisterung. Die beiden brutalen Kerle haben mich links und rechts gepackt und ich weiß nun, dass mir die schrecklichsten Prügel meiner Karriere bevorstehen. Was immer ich auch tue, die Chancen stehen sehr gut, dass ich dabei mein Leben lasse. Warum sollte ich ehrlos sterben?

Der Mann, der mich befragt, muss an meiner Haltung erkennen, dass ich nicht bereit bin, auch nur ein Jota nachzugeben. Er versucht es mit einer anderen Methode.

„Hör mal, Kessel, ich will dir ja nicht wehtun. Du sagst uns jetzt alles, was du weißt. Du sagst uns jetzt, wer dir die Waffen gegeben hat und wem du sie gebracht hast, und dafür..."

Er sucht nach Worten:

„Ich kann dir nicht versprechen, dich hier rauszuholen. Du verstehst sicher, dass das nicht geht, aber ich kann einen Druckposten für dich finden. Wir können uns sicher irgendwie arrangieren, wenn du uns diesen Gefallen tust. Einverstanden?"

Die beiden anderen halten mich an den Schultern fest und lassen mich nicht los. Sie wirken nicht besonders feindselig, sie sind wohl ein wenig gelangweilt, weil sie schon so viele Häftlinge verprügelt haben. Sie warten ganz einfach auf den Augenblick, in dem sie eingreifen werden. Der kleine Blonde mit den geglätteten Haaren scheint sich nicht für die Debatte zu interessieren. Ich beiße die Zähne zusammen. Sollen sie mich doch umbringen, wenn sie wollen, ich werde nicht reden, ich werde nichts zugeben. Kein Problem. Ich werde mich in meinem Eigensinn und, so weit wie möglich, in Fühllosigkeit und Bewusstlosigkeit verbarrikadieren. Wenn man ständig Schläge einstecken muss, lernt man das.

Die Prügel kommen nicht sofort. Der Mann fährt fort, in seinem zögerndem Französisch auf mich einzureden, steht dabei so nah vor mir, dass ich seinen von Tabak verstänkerten Atem riechen kann, verspricht mir verschiedene Belohnungen für meine Gefügigkeit, sagt, er würde über mich mit dem Lagerkommandanten sprechen.

Ehrlich gesagt tut er es ohne große Überzeugung, sei es, dass er die Berechtigung der Anklage in Zweifel zieht, sei es, dass er an Misserfolg gewöhnt ist. Er bemerkt auch, dass ich nicht anbeiße. Wenn ich zugebe, dass ich Mitglied eines Widerstandsnetzwerks war, wie groß wäre dann meine Chance, mein Leben zu retten? Ich glaube nicht, dass die

Polizisten der *Politischen Abteilung* in den Konzentrationslagern viele Geständnisse bekommen haben.

Er lässt mir Zeit zum Nachdenken, unterhält sich auf Deutsch mit seinen Kollegen, zündet sich eine Zigarette an.

„Willst du rauchen?"

„Nein."

Als die Zeit zum Überlegen vorüber ist, befragt er mich noch einmal.

Ohne Erfolg. Daraufhin seufzt er:

„Na, selber schuld."

Die Schläger übernehmen. Es ist die klassische Prügelstrafe zu zweit, die mir schon mehr als einmal zuteilwurde. Die Peiniger schleudern einander das Opfer mit Faustschlägen zu. In wenigen Minuten bin ich zerschlagen und gezeichnet, die Nase blutet, die Ohren zerquetscht. Ich brülle, klar. Jeder Schlag auf den Schädel löscht ein wenig mehr mein Bewusstsein aus. Ich beginne zu taumeln, aber ich bemühe mich, meine Deckung zu wahren, vor allem nicht zu fallen, da ich weiß, dass ich am Boden liegend tödliche Stiefeltritte riskieren würde.

Man unterbricht. Neuerlich fordert man mich auf, zu reden. Ich leugne weiterhin.

Wieder hämmern sie auf mich ein. Es kostet sie keinerlei Mühe, mich niederzuschlagen und bald liege ich auf dem Fliesenboden, zu einer Kugel zusammengerollt, um meinen Bauch zu schützen, halb ohnmächtig, mit geschwollenem, blutigem Gesicht.

So lässt man mich einen Augenblick liegen, bis ich wieder zu Atem komme. Die vier Männer wirken nicht mehr so, als würden sie sich mit mir beschäftigen. Sie schwatzen miteinander. Einen Augenblick lang werde ich von der verrückten Hoffnung erfasst, sie würden es dabei bewenden lassen, ich hätte sie überzeugt und jetzt würden sie mich mit ein paar Fußtritten hinausjagen.

Sie heben mich auf und beginnen von vorn. Sie gehen geduldig vor, methodisch, geschickt. Sie suchen nach Schlägen, die wehtun, ohne das Bewusstsein zu nehmen. Sie hoffen, dass ich irgendwann um Gnade winseln würde.

Schließlich schleppen sie mich vor einen Tisch und setzen mich auf einen Stuhl. Sie haben es nicht eilig. Die Zeit arbeitet gegen mich. Jede Atempause trägt dazu bei, meine Widerstandskraft zu zerstören, weil sie neue Qualen weckt, weil sie die Angst anwachsen lässt, ihr Zeit gibt, das Bewusstsein zu überfluten, die Willenskraft zu ersticken.

Sie kommen wieder zu mir und diesmal beginne ich, krampfhaft zu zittern, weil der kleine Polizist mit den blonden Haaren, der noch nichts sagte, sich mit einem Etui in der Hand neben mich setzt. Er entnimmt ihm Zangen unterschiedlicher Größe, Skalpelle. Zugleich sieht er mich freundlich lächelnd an, als bereite er sich auf ein Spiel vor. Er nimmt seine vernickelten Instrumente einzeln in die Hand, als ob ihm die Wahl schwer fiele.

Er wirkt nicht bösartig. Klein, beinah zerbrechlich, das Haar gepflegt, die Augen blau. Schließlich wählt er eine kleine Zange, packt meine linke Hand, legt seine Zange an den Nagel des Mittelfingers, schiebt eines der Zangenblätter unter den Nagel, um ihn sicher zu fassen.

Er zieht, ich schreie. Er hört einen Augenblick auf, lächelt, zieht wieder. Ich sehe, wie der Nagel langsam, Millimeter für Millimeter, aus dem Nagelbett heraustritt. Immer noch lächelt mein Peiniger, hält mit seiner linken Hand meine Linke fest, die sich zu entziehen versucht. Ich zittere immer stärker und ich brülle. Nun lässt er mich los und lässt mich durch meine Tränen meinen verletzten Finger betrachten.

„Na, Kessel, reicht dir das?"

Es ist der andere, der dies sagt. Er hat sich erhoben, um das Werk zu betrachten und er befragt mich ein weiteres Mal:

„Wer hat dir die Pistolen gegeben?"

Diesmal bin ich fast so weit, klein beizugeben. Einen Augenblick lang denke ich daran, zu springen, mich aus dem Fenster zu stürzen, wie der Kamerad, der der Kastration entkommen ist. Aber sie stehen alle um mich herum und außerdem ist das Fenster geschlossen. Mir steht nur mehr ein Weg offen, nämlich das Geständnis, und unwiderstehlich treiben sie mich in diese Richtung. Nun kämpfe ich mit mir. Ich muss mit aller Kraft die Versuchung ersticken, die Versuchung zu reden, zu sagen, wo ich die Waffen ausgegraben habe. Trotz des grässlichen Schmerzes, der mein Denken trübt, begreife ich, dass ich nicht so billig davonkommen werde, dass ihnen dieses Geständnis nicht genügen wird, dass sie mir noch anderes ausreißen werden, bevor sie mir das Leben aus dem Leib fetzen.

Um keinen Preis darf ich mich in diese Spirale ziehen lassen, um keinen Preis darf ich etwas sagen.

An das, was dann geschieht, erinnere ich mich schlecht, weil ich ständig das Bewusstsein verliere. Mir scheint, der Folterer hat lange mit seinem Skalpell im Fleisch meines Fingers herumgegraben, bevor er ihn an der Basis ausrenkte. Das Blut befleckt meine Kleidung. Als sie mich ohrfeigen, um mich wieder zu Bewusstsein zu bringen, ist mir entsetzlich übel. Das letzte, was ich sehe, ist eine große, glänzende Zange, die den blutüberströmten Finger erfasst und ihn mit drehender Bewegung ausreißt.

Alles geschieht wie im Traum. Ich sehe mich, wie ich zur Tür gehe, gekrümmt, meine verstümmelte Hand mit der anderen umschließend, über und über beschmiert von Blut. Ich weiß nicht, wie ich die Treppen hinunter gelangte. Vielleicht hat mich eine Ordonnanz in die Krankenstation begleitet. Ich erinnere mich, dass es sehr kalt war und dass auf dem Boden eine dünne Schicht Schnee lag.

* *
*

Ich blieb drei Tage in der Krankenstation. Ich hatte das Glück, dort den französischen Sanitäter wieder zu treffen, der mich schon einmal gepflegt hatte. Er gab Permanganat-Puder auf meine Wunde und verband mich mit einem Streifen Verbandpapier. Der Schmerz, der Schock, die nervliche Erschütterung ließen mich nicht zur Ruhe kommen. Die Schläge hatten mein Gesicht anschwellen lassen und meinen ganzen Körper mit Blutergüssen übersät. Aber all mein Bewusstsein und all meine Leidensfähigkeit schienen sich in meine verletzte Hand geflüchtet zu haben. Ich glaubte, sie niemals mehr verwenden zu können.

Am nächsten Morgen kam ein Arzt – auch er ein Häftling –, untersuchte mich, schwieg und ging weiter. Der Sanitäter kam, um meinen Verband zu erneuern. Später versorgte ich mich dann recht und schlecht selbst, indem ich die Wunde mit Permanganat bestreute. Mühsam stieg ich von meinem Bett herunter und machte mich humpelnd auf die Suche nach meinem Sanitäter, der so nett war, mir im Geheimen Essen zuzustecken.

Ich wusste, dass das nicht lange so gehen würde, dass man mich nur solange dort lassen würde, bis man den nächsten Ofen voll Strafgefangener beisammen hatte, die zu liquidieren waren – ja, „ein Ofen voll", genau das ist der richtige Ausdruck. Gar nicht mehr nötig, mich zu selektieren, ich war es schon durch höheren Beschluss.

Tatsächlich hörte ich am Nachmittag des dritten Tages, als ich gerade zu schlafen versuchte, wie eine deutsche Stimme meinen Namen schnauzte.

„Kessel, raus, schnell…"

Ich ging hinaus. Ich stand in einem jämmerlichen Haufen Gefangener, die vor dem *Krankenbau* versammelt waren. Sie warteten auf den Befehl, den Marsch anzutreten. Den letzten Marsch. Bleiche Gesichter Sterbender. Wir waren ungefähr zweihundert.

„Antreten!"

Noch einmal galt es, sich korrekt in Reih und Glied auf-
zustellen. *Zu fünft*, und im Gleichschritt zu marschieren. Die
SS-Männer hielten sich an den Flanken der Kolonne und
peitschten auf die Nachzügler ein, und die Nachzügler sam-
melten ihre letzten Kräfte und liefen weiter, damit sie nicht
hier ganz allein krepierten, sondern dorthin gelangten, wo
sie gemeinsam mit den anderen sterben würden.

„Links, links!"

Der letzte Marsch. Stumme Resignation. Kaum hört man,
dass einige Unglückliche seufzen. Auch ich füge mich in das
Unabänderliche und marschiere. Ich frage mich nicht einmal mehr, wie man uns exekutieren wird. Wozu auch? Es
ist mir gelungen, mich bis hierher durchzuschlagen, aber
irgendwann muss man sich wohl fügen. Ich bin seit langem
vorgewarnt.

Wir gelangen in den Sektor der Krematorien. Die Schlote
spucken ihre schwere Rauchwolke in den Himmel. Der Himmel ist grau. Leichter Wind verweht den Rauch.

Man lässt uns an einer Mauer warten.

Eine weitere Kolonne von Häftlingen trifft von einer anderen Seite her ein. Elendsgestalten wie wir. Woher kommen
sie? Wahrscheinlich aus einem Außenlager. Man hat sich
nicht die Mühe gemacht, sie einer letzten medizinischen
Untersuchung zu unterziehen.

Es kommen noch mehr. Eine dritte Kolonne. Man wartet
wohl darauf, dass sich ausreichend viele Häftlinge ange-
sammelt haben, um die Gaskammer zu füllen. Zumindest
habe ich mir das später so zusammengereimt. Wir hatten
damals nur sehr unbestimmte Informationen darüber, wie
die Exekutionen erfolgten.

Man befiehlt uns, uns zu entkleiden und die Kleidungsstücke entlang der Mauer abzulegen. Wir stehen also bloßfüßig im Schnee. Die Kälte dringt uns bis in die Knochen.
Wiederum heißt es warten. Jetzt bemerke ich SS-Männer,

die auf Motorrädern vorfahren und von ihren Maschinen absteigen, vielleicht um den Ordnungsdienst zu verstärken. Einer von ihnen stellt sich in meine Nähe, nur zwei Meter entfernt. Er ist Unteroffizier.

Gedankenverloren betrachte ich ihn, ganz einfach weil er so nah neben mir steht. Bald aber erregt er meine Aufmerksamkeit. Ich kenne dieses Gesicht nicht, natürlich nicht, ich sehe es zum ersten Mal. Aber es gibt da etwas, was ich sofort wiedererkenne, nämlich das Aussehen eines Boxers. Gebrochene Nase, geschwollene Brauen, Blumenkohl-Ohren. Irrtum ausgeschlossen – das sind die Stigmata des Boxrings. Und dann sind da auch noch die kräftigen Schultern, der geschmeidige Gang. Ich zögere einen Augenblick, aber was riskiere ich schon? Ich trete näher, nackt, splitterfasernackt, vor Kälte schlotternd. Ich weiß nicht einmal, ob ich es tue, um einen Ausweg für mich zu finden oder ganz einfach wegen der natürlichen, unerklärbaren Sympathie, die diejenigen, die in den Ring steigen, über alle Grenzen hinweg miteinander verbindet. Ich frage ihn einfach auf Deutsch:

„Boxer?"

Er sieht mich überrascht an.

„Boxer, ja!"

Er braucht keine weitere Erklärung, er hat verstanden. Ich habe auch eine gebrochene Nase. Zwischen uns entsteht ein geheimnisvoller Kontakt, trotz all der beachtlichen Unterschiede, die uns trennen. Zwei Schritt von uns entfernt vergessen nackte, abgezehrte, vor Kälte zitternde Männer für einen Augenblick ihren nahen Tod und starren uns an.

Er stellt mir Fragen.

„Wo hast du geboxt?"

„Im Pacra, im Central, im Delbor, im Japy, einmal im Vel' d'Hiv'.

Hochburgen des Boxsports, die auf der ganzen Welt berühmt sind.

Ich glaube ein Lächeln über das Gesicht mit der platten Nase huschen zu sehen, Zähne aus Metall blitzen auf. Er schwankt einen Augenblick, sieht sich um, dann entschließt er sich. Er ist es, der den SS-Trupp befehligt. Ich habe allen Grund anzunehmen, dass er nichts riskiert.

„Steig auf!"

Das Wunder ist geschehen. Der Mann hat sein Motorrad geholt, den Motor gestartet. Er deutet auf den Rücksitz. Ich traue meinen Augen kaum. Ich will nach meinen Kleidern greifen, aber er wiederholt seinen Befehl: „Steig auf!" So wie ich bin, nackt wie ein Wurm, klettere ich hinter dem Mann aufs Motorrad, klammere mich an den Sattel. In dem Moment, in dem wir losfahren, höre ich die Pfiffe, die zum Appell rufen.

Und noch einmal war ich gerettet. Der SS-Mann mit der gebrochenen Nase rettete mich in letzter Minute, knapp bevor ich die Gaskammer betrat, und er brachte mich geradewegs in den *Krankenbau*. So etwas hat man wohl noch nie gesehen: ein nackter, erbärmlicher Häftling thront auf dem Rücksitz eines SS-Motorrads. Braust in dieser ungewöhnlichen Haltung durch das Zentrum von Auschwitz, plaudert vertraut mit dem Fahrer des Motorrads, nennt seine Gewichtsklasse und sein Formgewicht, zählt Namen von Trainern und Champions auf. Alles in einem sehr bruchstückhaften Deutsch.

Ich habe ihn nie wiedergesehen. Er gehörte wahrscheinlich zum Exekutionspersonal und diese Leute lebten in einer eigenen Welt, die von der unseren strikt getrennt war. Der Dienst, den er mir im Namen des Boxsports erwiesen hat, hatte nicht dieselbe Bedeutung für uns. Für mich hing alles davon ab. Für ihn nichts. Ein Wurm, den man verschont, statt ihn zu zertreten. Ein X-Beliebiger unter tausenden X-Beliebigen, den man im letzten Augenblick, aus einer Laune heraus, aus dem Feuer zieht. Ganz abgesehen von den Massenexekutionen, an denen er beteiligt war, musste dieser Mann dutzende oder hunderte Morde auf dem Gewissen haben.

Als alter Boxer musste er zuschlagen können. Als Mitglied der SS war er dazu da, zu töten. Er rettete mich, beinahe ohne darüber nachzudenken, oder wenn er eine Minute darüber nachgedacht hat, so ganz bestimmt nur, um sich klar zu machen, dass ich ohnehin bald sterben würde und seine Geste mir nur einen Aufschub gewährte.

Egal, er hat sich anständig verhalten. Er gab sich nicht damit zufrieden, mich gerettet zu haben, sondern empfahl mich ganz zweifellos irgendjemandem im *Krankenbau*, denn ich wurde offiziell zurückgemeldet und bis zur Vernarbung meiner Wunde dort behalten. Etwa zehn Tage lang. Genug, um mich wieder herzustellen.

Ich hatte keine weiteren Kontakte mit der *Politischen Abteilung*. Ich stelle mir vor, die Dienststelle schloss meine Akte, nachdem sie über das Resultat der Untersuchung Bericht erstattet hatte. Niemand machte sich die Mühe, herauszufinden, ob *Häftling Kessel* vergast wurde oder nicht. *Häftling Kessel* ging wieder ein in die Masse, wurde wieder einer der 25.000 Gefangenen, bekam wieder einen abgetragenen gestreiften Anzug, wurde wieder zur Stammnummer. Nur ein Finger der linken Hand fehlte ihm von nun an.

KAPITEL X

FLUCHT

D anach lebte ich ein ganzes Jahr in Auschwitz, was dort keine geringe Leistung ist. Meine Erfahrung mit dem Lager, mit seinen Strukturen, Ressourcen und Gebräuchen, einige Beziehungen, die ich zu Häftlingen knüpfen konnte, die noch länger als ich dort waren, der solide Optimismus, der meinem Naturell entspricht, erlaubten mir, während dieses Jahres 1944 recht und schlecht zu überleben.

Dieser Optimismus, den ich meinem zupackenden und bisweilen auch draufgängerischen Temperament verdanke, verstärkte sich noch durch die Überzeugung, dass ich überleben würde. Seit der wunderbaren Errettung durch den SS-Mann mit der gebrochenen Nase schien mir jeder Tag, an dem ich nicht starb, wie eine Wiedergutmachung, die mir das Schicksal gönnte und die mir zu verweigern es keinen triftigen Grund hatte. Da ich Schläge, Folter, Krankheit, mehrere Selektionen überlebt hatte, hatte ich die Unabwendbarkeit gebannt, hatte in erbittertem Kampf das Recht erworben, zu leben, bis mein Leben auf natürliche Weise zu Ende gehen würde. Derartige irrationale Überzeugungen entwickelten sich leicht in einem KZ. Die meinen halfen mir, zu überleben, sie machten mich in hohem Maße frei von dem ständigen Grauen, das die meisten der Häftlinge zermürbte und ihr Ende beschleunigte. Da ich gewiss war, immer wieder einen Ausweg zu finden, ließ ich die Ereignisse auf mich zukommen, ohne mich im Vorhinein damit zu quälen, und das war ganz sicher die beste Weise, dies alles zu bezwingen. Rasch hatte ich begriffen, dass Kühnheit und Unbekümmertheit sich bezahlt machten.

Den unterschiedslos auf alle niederprasselnden Schlägen entkam man nicht durch Fleiß, nicht durch Gehorsam, nicht durch getreuliches Ausführen der Anweisungen. Man musste frech mogeln, schamlos lügen, den kleinsten Vorteil ausnutzen. So trotzte ich, ohne allzu viel Schaden zu nehmen, den brutalsten Kapos und bewältigte die härtesten Dienste.

Ich hatte jedoch niemals irgendwelche Protektion, hatte nie einen Druckposten. Ich hatte meinen vollen Anteil an Leiden und Gefahren. Ich war wie alle von der Ruhr heimgesucht, von Wunden verzehrt, bis zum Skelett abgemagert. Meine verstümmelte Hand machte mir die Arbeit noch schwerer. Ich konnte gefährlichen Feindschaften und strengen Bestrafungen nicht ausweichen. Aber ich habe gekämpft und ich habe alles überstanden.

Jene, die das Jahr 1944 überlebten, wie ich es tat, zogen Stärke aus der Gewissheit der deutschen Niederlage. Denn trotz allem drangen Neuigkeiten bis zu uns. Unsere Herren konnten die Kontakte zur Zivilbevölkerung nicht völlig unterbinden. Manche Kommandos, nämlich die, die in den Bergwerken und in den Waffenfabriken arbeiteten, erhielten Auskünfte von deutschen und polnischen Zivilarbeitern und trugen sie ins Stammlager. Der *Krankenbau* war die Informationsdrehscheibe.

Seit dem Frühling wussten wir, dass entscheidende Ereignisse sich vorbereiteten. In kurzer Abfolge schlugen im Juni die Nachrichten von der Einnahme Roms und von der alliierten Landung in der Normandie ein. Im Juli brauchten wir einige Zeit, um uns eine – übrigens dürftige und entstellte – Vorstellung vom Attentat auf Hitler zu machen. Die Wichtigkeit des Ereignisses wurde uns nicht sofort klar, so sehr hatte die Propaganda das Ausmaß der militärischen Verschwörung heruntergespielt. Man hörte jedoch, dass deutsche Offiziere nach Auschwitz deportiert, in großer Zahl exekutiert und in den Krematorien verbrannt worden seien. In unseren Krematorien! Wahr oder falsch, diese Nachricht gab Anlass zu ungeduldigstem Hoffen. Andererseits war in der Zivilbevölkerung unbestritten, dass die Russen immer näher rückten. Die Schlinge zog sich immer enger um die Ostgebiete und wir befanden uns in der Nähe. Die Luftangriffe auf die Industrieanlagen der Region bewiesen uns, dass die deutsche Widerstandskraft geschwächt war. Wir wussten, dass ganz Deutschland, trotz der großen Töne, die Göring spuckte, von entsetzlichen Bombenangriffen heimgesucht war. Im August landeten die Alliierten in der Provence.

All das wusste ich und ich verlor die Geduld. Es ist hart, für den Feind zu arbeiten – und noch dazu unter so entsetzlichen Bedingungen –, wenn man weiß, dass der Feind besiegt ist. Der Gedanke an Flucht, den ich nie ganz aufgegeben hatte, tauchte wieder auf: dies erschien mir die beste Lösung zu sein und auch etwas, worauf ich Anrecht hatte. Ich suchte nach Mitteln und Wegen. Diejenigen, mit denen ich darüber sprach, weil ich Vertrauen zu ihnen hatte – denn man musste sich sorgfältig vor Spitzeln in Acht nehmen – hielten mich für verrückt: der Stacheldraht, die Wachtürme, die SS, die Hunde, die darauf abgerichtet waren, die Fährte der Fliehenden aufzuspüren und ihrer Spur zu folgen, die Denunzianten, das feindliche Land, die gleichgültige oder eingeschüchterte Zivilbevölkerung, die Schwierigkeit, sich zu verstecken, andere Kleidung und Lebensmittel zu bekommen, der Zustand körperlicher Zerrüttung, in dem wir uns befanden – alles stand einem Fluchtversuch entgegen. Die Wagemutigsten von uns hielten einen solchen Versuch für illusorisch und genau das besagte ja auch die interne Propaganda.

Die SS, die Kapos, die Aushänge in den Blocks – „Es ist absolut unmöglich, aus Auschwitz zu entkommen" –, die sich immer wieder wiederholenden Hinrichtungen durch Erhängen oder die Exekutionen durch einen Nackenschuss im Gefängnis im Block 10, dem *Bunker*... Es gab wohl

Ausbruchsversuche, aber das waren spontane Aktionen, Anfälle von Verzweiflung oder Wahnsinn, keine methodisch vorbereiteten Fluchtversuche. Die Unglücklichen wurden gefasst und ihre Leichen schaukelten drei Tage lang am Galgen. Der Spürsinn der Hunde schien unfehlbar. Furchterregende Tiere, scharf abgerichtet. Zum Spiel oder um die erworbenen Reflexe aufrecht zu erhalten, hetzten die SS-Männer oft während des Appells die Hunde auf uns, gewöhnten sie daran, zuzuschnappen, wenn Arme oder Beine sich bewegten. Wehe dem, der Widerstand leistete: man musste sich beißen lassen. Die Hunde ließen nur auf Befehl wieder los, im mageren Fleisch blieben die Spuren ihrer Fangzähne zurück. Man wusste, die Hunde würden Flüchtende schnell wieder einfangen, wenn diese nicht zumindest einen Tag Vorsprung hatten und außerhalb des Lagers auf Komplizen zählen konnten. In jedem Fall hieß ein erfolgreicher Fluchtversuch noch nicht, dass man außer Landes gelangte. Im besten Fall durfte man hoffen, sich den Gruppen von polnischen Partisanen anschließen zu können, die in fernen Wäldern kämpften und dort ihr Leben aufs Spiel setzten.

Diese Schwierigkeiten hielten mich nicht ab. Ich hätte, ohne zu zögern, die Perspektive akzeptiert, jahrelang an der Seite der Partisanen zu kämpfen. Mit den Monaten wurde meine Ungeduld immer größer, ich überraschte mich bisweilen dabei, wie ich vor lauter Nervosität in Tränen ausbrach. Es kam soweit, dass ich mit Freuden die Gelegenheit ergriffen hätte, mich ganz allein ins Abenteuer zu stürzen.

Aber ich fand dann doch Gefährten. Ich entdeckte sie durch Zufall in meinem Arbeitskommando.

Eines Tages fing ich ein flüchtiges Gespräch zwischen zwei Polen auf, die zu meinem Trupp gehörten. Sie hatten mich nicht gesehen. Die Räumlichkeiten waren so gestaltet, dass ich ihren Blicken verborgen blieb. Ich konnte ein paar Brocken Polnisch, die ich hier und dort aufgeschnappt hatte. Weiter oben sagte ich ja schon, dass sich in Auschwitz eine Art Mischsprache herausgebildet hat, in der sich Worte slawischer und germanischer Herkunft vermengten und die es den Häftlingen erlaubte, sich zumindest für die normalen Tätigkeiten des gemeinsamen Lebens untereinander zu verständigen. Es gab darin einen Begriff für Flucht. Ich erhaschte dieses Wort in dem Gespräch. Ich begann, die beiden Männer mit äußerster Geduld zu beschatten und nutzte dabei alle Zufälle, die es mir erlaubten, mich ihnen zu nähern.

Nicht lange, und ich begriff, dass sie einer Gruppe angehörten.

Eines Abends gab ich meine Absicht zu erkennen. Ich nahm einen der Männer beiseite – den, der mir am jüngsten zu sein schien – und ich gab ihm zu verstehen, dass ich mich gemeinsam mit ihnen davonmachen wolle. Er tat erstaunt und leugnete. Ich ließ nicht locker. Er beschimpfte mich und wandte sich ab. Später bemerkte ich, dass er ein wenig Französisch konnte, weil er in Bergwerken in Nordfrankreich gearbeitet hatte. Zunächst ließ er dies nicht erkennen, tat so, als verstehe er nichts von meinem Kauderwelsch. Ich vermutete, ich hätte es mit einer kleinen Gruppe politischer Kämpfer zu tun – sicherlich Kommunisten, aber die Sprache, derer wir uns bedienten, war zu eingeschränkt, um politische Überlegungen austauschen zu können. Im Übrigen hatte ich damals nur eine recht dürftige politische Bildung und hielt es nicht für notwendig, meine Gefährten oder Komplizen nach ihrer politischen Einstellung auszuwählen. Sie allerdings hielten das durchaus für nötig. Aber selbst wenn ich Kommunist gewesen und als solcher bekannt gewesen wäre – sie hätten mir dennoch als Franzosen misstraut. Eine Schranke trennte die Nationalitäten voneinander.

Am nächsten Tag versuchte ich es noch einmal – mit demselben Misserfolg. Ein weiteres Mal begann der Mann, mich zu beleidigen. Gott weiß, polnische Beleidigungen sind unflätig. Er überhäufte mich mit wüsten Beschimpfungen. Er reizte mich. Da griff ich zum einzigen Mittel, das mir blieb: Erpressung. Ich drohte ihm mit Denunzierung. Selbstverständlich hatte ich nicht die geringste Absicht, dies zu tun; ich wusste im Übrigen, dass Spitzel, sogar potentielle Spitzel, manchmal unter einem Bett gefunden wurden, erdrosselt. Aber mir fiel kein anderes Argument mehr ein. Das war ein wenig gemein, aber die Ungeduld fraß mich auf, ich hätte einfach alles getan.

Diesmal erbleichte der Mann. Seine Erregung war ein Geständnis. Nachdem er sich lange gewehrt hatte, sagte er, er werde sehen, er werde mit seinen Gefährten sprechen. Ich wusste, dass sie zu viert waren. Ich stelle mir vor, dass sie über mich diskret Auskünfte einholten. Sie konnten mich ebenso gut umbringen, wenn sie Unvorteilhaftes über mich erfuhren. Ich war in großer Gefahr, noch bevor ich in das Unternehmen eingestiegen war.

Ich wartete einige Tage, wurde des Wartens müde, bedrängte meinen Gefährten. Er sagte, ich müsse noch weiter warten, es sei noch nicht so weit, er werde es mich wissen lassen, sobald es so weit sei. Der Gedanke, sie könnten ohne mich fortgehen, machte mich rasend. Das Misstrauen verflog nach und nach. Als der Mann begann, ein paar französische Wörter zu verwenden, wusste ich, dass ich mit von der Partie war.

Schließlich wurde ich eines Abends im November 1944 zu einer geheimen Zusammenkunft einberufen, im Schatten eines Blocks, nach dem Appell. Die vier Männer waren da. Einer von ihnen musste Schmiere stehen. Sie sagten, sie seien übereingekommen, mich mitzunehmen, hätten aber immer noch ein gewisses Misstrauen. Sie gaben mir zu verstehen, dass sie weniger Verrat als Schwäche fürchteten. Ich würde sie nicht denunzieren, klar, aber ich konnte einen Rückzieher machen, Angst bekommen, im letzten Augenblick verzichten oder einfach irgendeine Ungeschicklichkeit begehen, die alles zunichtemachen konnte. Sie versprachen mir in aller Gelassenheit, mich in solch einem Fall zu töten.

Dies konnte ich ihrem Kauderwelsch und ihrer sprechenden Mimik entnehmen. Ich nahm die Todesdrohung ernst. Zu viert waren sie durchaus in der Lage, sie wahr zu machen. Unter Verwendung derselben Kommunikationsmittel tat ich mein Bestes, um ihnen zu versichern, dass ich ernstlich zum Mitmachen entschlossen war.

Der, der sprach und offensichtlich das Kommando führte, war ein Pole von etwa 45 Jahren. Er war mir in der Fabrik aufgefallen, in der wir damals arbeiteten, wobei ich seine Rolle in dieser Gruppe hier natürlich nicht vermutete. Ein Mann von ruhigem Auftreten, der gewissenhaft und schweigsam arbeitete. Mir wurde klar, dass er kaltblütig und energisch war, wohl auch sehr erfahren in der Untergrundarbeit. Er schilderte mir seinen Plan.

Wenn ich heute darüber nachdenke, gebe ich zu, dass dieser Plan trotz seines unsinnigen Anscheins hätte aufgehen können. Der Plan sah vor, dass wir unseren Arbeitsplatz mitten am hellen Tag verlassen und nach sechsstündigem Marsch zu einem einsamen Haus gelangen sollten, in dem ein Verwandter eines der Polen lebte, der gebührend vorgewarnt wäre. Von diesem Haus aus würde uns eine Kette von helfenden Händen aus der Gefahrenzone hinausführen.

Es versteht sich, dass die zufällige Verwandtschaftsbeziehung für den Plan vonnöten war. Ohne sie war kein Fluchtversuch möglich. Die unerlässliche Verbindung mit der Außenwelt konnte durch die Kontakte zu den in den Fabriken beschäftigten Zivilisten hergestellt werden. Die Auschwitzer Polen, unter denen, verglichen mit den anderen Häftlingen, ein stärkerer Zusammenhalt herrschte, waren noch dadurch begünstigt, dass es rund um das Lager Menschen gab, auf deren Unterstützung sie zählen konnten.

Der Aufbruch am hellen Tag von einem Bauplatz aus ließ sich rechtfertigen. Nachts zu fliehen, was bequemer scheinen mag, erwies sich als undurchführbar, so zahlreich waren die Sperren. Übrigens hörte ich niemals davon, dass jemand in der Nacht durch den Stacheldraht-Zaun gelangt wäre, der das Lager umgab. Von einem Bauplatz aus konnte man dagegen leicht weggehen. Das Problem hier war, den Arbeitsplatz zu verlassen, ohne Aufmerksamkeit zu erregen, und rasch genug voran zu kommen, um die zweifellos bald einsetzende Verfolgungsjagd zu gewinnen. Alles hing von dem Vorsprung ab, über den man verfügte, wenn der Alarm ausgelöst wurde.

* *
*

Vier Tage später wagten wir früh am Vormittag den Versuch.

Wir hatten vereinbart, uns auf das Signal unseres Anführers hin am *Holzplatz*, wo Bauholz abgeladen wurde, zu treffen.

Wir waren auf zwei verschiedene Kommandos verteilt, die in einer fünfhundert Meter von Auschwitz entfernt gelegenen Fabrik in der Produktion von Kriegsmaterial eingesetzt wurden. Gegen acht Uhr morgens erhielt ich das Signal. Ich gebrauchte einen Vorwand, um meine Werkbank zu verlassen. Den gewöhnlichsten aller Vorwände, die Ruhr, natürlich verbunden mit der kunstvollen Vortäuschung der Dringlichkeit meines Anliegens. Mein Vorarbeiter gab mir Erlaubnis, freilich nicht ohne mich dazu aufzufordern, mich zu beeilen. Ich wusste, dass er mehrere Mannschaften zu überwachen hatte, dass er sich beständig am anderen Ende der Werkhalle aufhielt und er mein Verschwinden nicht leicht bemerken würde.

Wir versammeln uns also an einer Stelle der weiten Erdaufschüttung, wo die mit Material beladenen Lastwägen und die Arbeitstrupps unterwegs sind. Der Bauplatz wird von einem Posten bewacht. Natürlich kann er nicht alles zugleich überblicken, obwohl er an der günstigsten Stelle steht.

Meine vier Polen kommen mit wenigen Sekunden Abstand zum Treffpunkt. Sie haben Schaufeln und Hacken bei sich. Wir haben eine Handkarre ausfindig gemacht, mit der zu bestimmten Zeitpunkten Diensttrupps Sand transportieren. Einer von uns nimmt die Holme und die anderen folgen ihm mit ihrem Werkzeug auf der Schulter. In den Augen des Wachpostens, der uns beobachtet, unterscheidet uns nichts von einem beliebigen anderen Trupp. Im Übrigen sind da viele Leute. Zwei- oder Dreihundert Arbeiter, die mit unterschiedlichen Aufgaben beschäftigt sind. Sie beladen Lastwagen, entladen Lastwagen, schieben Loren, graben den Boden auf oder ebnen ihn ein, immer in dem schnellen Tempo, das von den Kapos vorgegeben wird. Unter Schreien, Beschimpfungen, Schlägen. Für den Wachposten also kein Grund, sich besonders für uns zu interessieren.

Inmitten all dieser Gefangenen und gekleidet wie sie, gehen wir unbemerkt vorüber. Nun geht es darum, von diesem Ort fortzukommen und auf die Straße zu gelangen, die den einzigen Zugang zur Fabrik bildet. Besser, die Zufahrt hinter sich zu bringen, ohne überprüft zu werden.

Am äußersten Ende des *Holzplatzes* gibt es einen großen Haufen Müll und Scherben. Oft streifen die Ausgehungertsten unter den Arbeitern zu Mittag hier herum, in der Hoffnung, irgendwelche Abfälle aufzusammeln, die sie essen könnten. Einer von uns umrundet den Abfallhaufen mit seiner Karre, ein weiterer klettert hinauf, tut so, als würde er mit seiner Schaufel hantieren und nutzt den Augenblick, in dem ihm der SS-Mann den Rücken zukehrt, um sich auf der anderen Seite hinuntergleiten zu lassen. Einer nach dem anderen tun wir es ihm nach.

Es ist geschafft. Nun haben wir den Bauplatz verlassen. Wir müssen, ohne zu laufen, Abstand gewinnen. Keine Aufmerksamkeit erregen und auch unsere Kräfte nicht zu früh aufbrauchen. Wir gehen auf der Straße, mit gleichmäßigem Schritt, ohne uns umzusehen.

Eine gerade Straße, gut instand gehalten. Feuchtkaltes Wetter. Der Boden nass von den Regenfällen der vergangenen Nacht. Der Himmel bedeckt. Wir wissen, dass wir nach weniger als fünf Kilometern die Straße verlassen, die

Handkarre stehenlassen und in offenem Terrain vorrücken müssen. Möglichst rasch vorrücken zu einem Punkt, der meinen Gefährten bekannt ist. Mir nicht.

Die ersten Kilometer sind zurückgelegt. Niemand hat etwas bemerkt. Wenn Kameraden uns fortgehen sahen, so haben sie nichts gesagt. Vielleicht haben sie sich auch gar keine Fragen gestellt. Nichts spricht dagegen, dass wir einen Dienstbefehl erhalten haben. Nur die, die unsere Trupps leiten, könnten bemerken, dass ihnen Männer fehlen und auch wenn sie das bemerken, denken sie nicht gleich an einen Ausbruchsversuch. Das kommt nicht so oft vor.

Wir gehen deutlich schneller, seitdem wir das Gefühl haben, außer Sicht zu sein. Zwischen uns fällt kein Wort. In unseren Taschen tragen wir einen kleinen Vorrat an Brot, das wir uns an den vorangegangenen Tagen vom Munde abgespart haben, und nun essen wir im Gehen.

Wir gelangen zu einer Kurve. Die Straße windet sich über eine Anhöhe. Hier müssen wir in gerader Linie in die Felder hinuntergehen. Nach hundert Metern stoßen wir auf einen Bauernhof, einen recht ärmlichen Kasten. Vielleicht verlassen oder auf Befehl der deutschen Behörden evakuiert. In jedem Fall ist dort niemand zu sehen. Wir gehen nicht bis zum Bauernhof. Wir lassen die Karre auf dem Feld zurück, recht gut verborgen in einer Mulde. Von dort gehen wir in deutlichem Abstand zueinander weiter. Unsere Pantinen sinken bei jedem Schritt tief in die weiche Erde.

Unter diesem tiefen und grauen Himmel, in dieser feuchten Luft reicht der Blick nicht sehr weit und das gibt uns ein wenig Sicherheit. Vielleicht könnte man von den Auschwitzer Wachtürmen aus mit Fernglas die fünf Gefangenen in gestreifter Häftlingskleidung sehen, die im Gänsemarsch vorrücken, recht weit entfernt voneinander, verloren in der unendlichen Weite des offenen Geländes. Doch es scheint, dass noch kein Alarm gegeben wurde.

Wir sind nun hinter den Hügel und gelangen nach weniger als dreihundert Metern wieder auf die Serpentinen der

Straße. Das ist gefährlich. Jedes Fahrzeug, das auf dieser Straße unterwegs ist, transportiert Feinde. Wenn wir das Brummen eines Motors hören, bleibt uns nichts übrig, als uns flach auf den Boden zu werfen, und bewegungslos liegen zu bleiben, sodass man nicht vom Untergrund zu unterscheiden ist. Die geringste Bewegung kann einen Blick auf uns ziehen. Dann heißt es, mit der Nase in der Ackerfurche abwarten, bis das Fahrzeug am Horizont verschwindet, bevor wir den Marsch wieder aufnehmen.

An manchen Stellen fühlen wir uns so ausgesetzt, dass wir uns kriechend fortbewegen. Das ist äußerst ermüdend. Trotz der Kälte sind wir nass von Schweiß. Es ist wichtig, dass wir so weit wie möglich flaches Gelände meiden, dass wir in den Mulden im Gänsemarsch laufen, dass wir, wenn vorhanden, die Deckung von Bäumen suchen. Es gibt aber nur wenige Bäume. Wir verlassen uns auf unseren Anführer, der uns vorangeht.

Gegen zehn Uhr Vormittag taucht ein Trupp von Motorradfahrern auf der Straße auf. Von sehr weit weg hören wir den nervenzerfetzenden Lärm der Motoren. Nichts schützt uns, weder Bäume noch Geländestufen, und die Motoradfahrer könnten uns trotz der Entfernung ebenso leicht sehen, wie wir sie sehen. Wir müssen uns auf den Boden werfen, unbeweglich wie Klötze. Ich nehme an, den anderen ergeht es wie mir, sie kommen um vor Angst. Ich sehe, wie derjenige meiner Gefährten, der mir am nächsten ist, die Lippen bewegt, wie im Selbstgespräch oder im Gebet.

Die Motoradfahrer entfernen sich. Der Lärm nimmt stetig ab. Das ist kein Suchtrupp. zumindest scheint nichts darauf hinzudeuten.

Wir gehen weiter.

Es ist etwa elf Uhr, als wir in der Ferne das Heulen der Sirenen hören. Von neuem zittern wir. Wenn es sich nur um einen Alarm wegen feindlicher Angriffe handelt, könnte uns nichts Besseres geschehen! Unsere Wächter wären so beschäftigt damit, vor den Bomben Schutz zu suchen, dass sie nicht an uns dächten.

Wenn es sich aber um einen Flucht-Alarm handelt!

Wir sind nicht in der Lage, das zu beurteilen, beeilen uns, laufen, bis wir nicht mehr können. Wir sind schon weit weg von Auschwitz, wir haben eine recht lange Strecke zurückgelegt, sie ist schwer zu schätzen, es müssen aber mehr als sechs Kilometer sein. Unglücklicherweise besitzen unsere Herren Fahrzeuge und sie wissen genau, welche Richtung wir nehmen mussten. Das Gebiet, das es abzusuchen gilt, ist nicht unbegrenzt. Instinktiv biegen wir von der Straße ab und laufen nach links zu einem Gehölz, von dem wir glauben, es könne uns verbergen. Bevor wir es erreichen, müssen wir uns ein weiteres Mal flach auf den Boden legen, weil ein weiterer Trupp von Motoradfahrern über die Straße pflügt. Vorsichtshalber bewegen wir uns kriechend in das Wäldchen hinein und schlüpfen tief unter die Bäume.

Kriegsrat. Zu fünft sitzen wir auf dem Boden, im duftenden Humus des Unterholzes, nass von Schweiß, durchfroren vom Wind, der mittlerweile weht, der „Pyjama" beschmutzt von feuchter Erde.

Unser Anführer ergreift zögernd das Wort. Er hat noch größere Angst als wir anderen, weil er für uns Verantwortung trägt. Er schlägt vor, den Tag tief im Wald versteckt zu verbringen und mit Einbruch der Nacht weiterzugehen, wenn unsere Verfolger den ganzen Tag lang vergeblich nach uns gesucht hätten und die Dunkelheit uns ein gefahrloses Vorrücken erlauben würde.

Ein anderer hält die Taktik für gefährlich. So würden wir in die Falle gehen. Es gebe ja die Hunde, die rasch unsere Spur aufnehmen würden. Und selbst wenn unsere Spuren von Feuchtigkeit weggewaschen wären, sei das Gebiet, das durchsucht werden müsse, nicht allzu groß. Das Beste sei deshalb, uns zu trennen und sofort aufzubrechen, wobei wir uns möglichst großräumig verteilen sollten. Die Hunde würden vielleicht alle derselben Spur folgen und die Verfolger würden nicht alle von uns erwischen.

Der Gedanke hat gewiss viel für sich, aber er gefällt mir nicht. Bei dieser Taktik bin ich derjenige, der geopfert wird. Ich kenne das Land nicht und habe keine Möglichkeit, an die vorgesehene Zufluchtsstätte zu gelangen. Ich widersetze mich also dem Plan, wobei ich mir übrigens recht gewiss bin, dass mein Widerstand wirkungslos bleiben wird, und meine Polen mich im Fall des Falles ohne den geringsten Skrupel meinem Schicksal überlassen werden.

Aber sie tun es nicht, sie entscheiden sich schließlich für den ersten Plan. Nicht, weil sie gezögert hätten, mich zu opfern, sondern weil niemand Lust hat, sich allein durchzuschlagen. Zudem ist da auch unsere extreme Erschöpfung, noch gesteigert durch Angst, Hunger, Durst. Wir haben nicht den Mut, eine neue Etappe in Angriff zu nehmen, obwohl der Pole, der die Gegend kennt, uns versichert, dass uns nur mehr zwei Stunden Marsch von unserem Ziel trennen.

In unserem Zustand sind zwei Stunden Marsch in einem Gelände, das kaum je Deckung bietet, mit der Allgegenwart der Gefahr wie ein unüberwindliches Hindernis. Wir legen uns auf den Boden.

* *
*

Eine Stunde verstreicht. Wir wechseln kein einziges Wort. Wozu auch! Von nun an hängt nichts mehr von uns ab. Wäre ich gläubig, würde ich beten...

Ein feiner Regen beginnt zu fallen und durchkältet uns noch mehr. Wie gewöhnlich rücken wir zusammen und drängen uns aneinander. Ein alter Tierreflex in den Lagern, wo die jammervollen Körper sich aneinander schmiegen, um dem Elend weniger Angriffsfläche zu bieten. Ich beginne, intensiv an meine Familie zu denken, an meinen älteren Bruder, der in Zuydcoote getötet wurde, an den jüngeren, der in einem Stalag gefangen ist, an meine Eltern...

Ich weiß, dass Paris seit drei Monaten befreit ist. Die Erinnerung an Paris lässt mich nicht los.

* *
*

Es muss etwa zwei Uhr Nachmittag sein, als ferner Motorenlärm zu uns dringt. Ein Lärm, der erstirbt und wieder einsetzt.

Einer der Polen steht auf und klettert auf einen Baum. Er sucht den Horizont ab. Angstvolles Warten. Wir klammern uns an die Hoffnung, dass das nichts von Bedeutung ist, dass es nur Transporte auf der Straße nach Auschwitz sind.

Sehr rasch klettert der Mann wieder herunter. Ich sehe die aufgerissenen Augen in seinem knochigen Gesicht. Er spricht in seiner Sprache, aber ich brauche keine Übersetzung. Er hat Motorräder bemerkt, die langsam fahren, immer wieder stehenbleiben. Kein Zweifel, das ist kein Transport, das ist ein Suchtrupp.

Ein verstandesmäßig nicht zu beherrschender Impuls zwingt uns auf die Beine, drängt uns zur Flucht. Wir laufen wie toll durch den Wald, ohne im Mindesten zu wissen, wohin; aber beinah sofort halten wir an. In weniger als dreißig Metern Entfernung tut sich offenes Gelände auf und wir können das nicht ignorieren. Völlig entmutigt, kehren wir an den Ort zurück, den wir gerade erst verlassen haben, und bleiben dort, unfähig, eine Entscheidung zu treffen, unfähig, zu denken.

Bald setzen die Geräusche wieder ein, als komme die Patrouille zurück. Ich habe nie erfahren, wie die Verfolger es anstellten, uns zu finden, und auch nicht, wie lange sie dafür gebraucht haben. Ich habe nie erfahren, wie unsere Flucht entdeckt wurde. Es ist wahrscheinlich, dass die SS-Männer uns schon lange vor dem Alarmsignal zu suchen begonnen haben. Übrigens bin ich nicht sicher, dass die Sirenen ein Alarmsignal waren.

Was unumstößlich unsere bevorstehende Gefangennahme ankündigt, ist das Hundegebell. Zuerst fern, kaum unterscheidbar. Man hört das heisere und tiefe Bellen eines Hundes, der eine Fährte verfolgt. Es ertönt in regelmäßigen Abständen. Dann vervielfältigt sich das Gebell, die Tiere werden immer aufgeregter. Einen Augenblick lang scheinen sie stehenzubleiben, der Lärm lässt nach und erstirbt. Trügerische Hoffnung. Das Gebell setzt wieder ein, schwillt an, die Tiere sind jetzt ganz nahe.

In einer Aufwallung von Verzweiflung erblicken wir sie. Wir werden unsere Haut teuer verkaufen. Die Äste, die den Boden bedecken, nutzen wir als Knüppel und Keulen. Wir werden garantiert von den Soldaten aus nächster Nähe erschossen. Vielleicht können wir, bevor wir sterben, einen von ihnen erschlagen...

Die Hunde sind nun herangekommen, werfen sich mit beängstigendem Geheul und Gebell auf uns. Sie kreisen uns ein. Wir stellen uns Rücken an Rücken. Mit unseren Ästen halten wir sie uns vom Leibe. Es kommen noch mehr Hunde. Binnen kurzem sind wir von einer heulenden Meute umgeben. Fünf oder sechs Minuten lang hindern uns die Bestien an jeder Fortbewegung, sie umzingeln uns, springen mit weit aufgerissenem Maul an uns hoch.

Plötzlich eine Salve aus einer Maschinenpistole über unseren Köpfen. Eine Stimme schreit uns auf Deutsch zu:

„Nicht bewegen! Fallenlassen, was ihr in der Hand habt!"

Die Verfolger sind im Verborgenen bis zu uns vorgerückt, wahrscheinlich weil sie fürchteten, wir hätten Waffen. Dann zeigen sie sich, die Maschinenpistolen auf uns gerichtet, brüllen erneut ihre Befehle:

„Alles fallenlassen oder wir schießen!"

Nun, das Spiel ist verloren. Wir werfen unsere lächerlichen Waffen weg. Sofort sind die Hunde mit wütendem Geheul über uns und wir können sie nicht mehr abwehren. Ich werde in die Hüfte gebissen. Die Bestien sind wie toll und die SS-Männer haben alle Mühe, sie wieder unter Kontrolle zu bringen. Auch sie sind erregt und eher fröhlich, wie Jäger nach einem guten Fang. Eine weitere Soldatengruppe trifft ein, hergeführt vom Gebell. Bald stehen ein Dutzend Männer um uns herum und schlagen uns, natürlich schlagen sie uns. Mich trifft ein Fußtritt in den Bauch, von dem ich mich zusammenkrümmen muss. Sie beschimpfen uns, nennen uns *Hurensohn* und *Schweinsdreck*, sind aber ganz vergnügt, so, als ob zwei Trupps darum gewettet hätten, welcher von beiden uns einfangen würde.

Für uns ist alles vorbei. Ich fühle wieder diese Art von trübseliger Erleichterung, die ich im Angesicht des Todes bereits empfunden habe. Meinen Gefährten ergeht es wie mir, sie ergeben sich in ihr Schicksal, werden aber nicht schwach. Unsere Feinde werden keine Träne sehen, keine Klage hören. Sie fesseln uns die Hände hinter dem Rücken und treiben uns mit Stiefeltritten an.

„Vorwärts!"

KAPITEL XI

UNTERM GALGEN

Zurück nach Auschwitz. Mit hinter dem Rücken gefesselten Händen gelangten wir zurück zur Straße und machten uns wieder auf den Weg ins Lager. Im Laufschritt, verfolgt von den Motorrädern, gehetzt vom Gebell der Hunde. Dennoch ließ man uns von Zeit zu Zeit verschnaufen, weil man uns lebend zurückbringen wollte. Als wir ankamen, waren wir fast bewusstlos vor Erschöpfung. Man trieb uns mit Fußtritten voran.

Ein paar Augenblicke hielten wir vor dem Tor an. Ich hatte gehofft, es niemals wiederzusehen, dieses Tor mit dem abscheulichen Schriftzug darüber.

Der Unteroffizier des Wachpostens notierte sorgfältig unsere Stammnummern, dann führte man uns für eine Befragung zur Kommandantur.

Ein Offizier befasst sich mit uns. Jung, elegant, wahrscheinlich ärgerlich, weil er seine Zeit mit uns verplempern muss. Er sieht uns kaum an. Er fragt, ob wir innerhalb oder außerhalb des Lagers Komplizen haben. Zwei *Schreiber* assistieren ihm, sie sprechen Polnisch und Französisch. Unsere Antwort ist kurz.

„Sie sagen, sie haben keine Komplizen."

Schläge hageln auf uns nieder. Das war vorherzusehen. Mit gefesselten Händen können wir die Schläge nicht abwehren. Mich treffen so viele, dass ich sie nicht mehr spüre. Man wiederholt die Frage, beharrt, schüttelt uns, brüllt. Aber von nun an bleibt unsere Miene steinern. Da werden sie es müde. Der Offizier zündet sich eine Zigarette an und sagt dabei nachlässig:

„Sagt ihnen, sie werden gehängt." Und die *Schreiber* schnauzen uns an:

„Ihr werdet gehängt!" Man stößt uns hinaus.

„*Raus!*"

Das ist alles. Unsere Gerichtsverhandlung hat nicht lange gedauert.

Nun führt man uns in den *Bunker*, also ins Lagergefängnis. Aber man sperrt uns nicht in eine Zelle. Man lässt uns gemeinsam in einem leeren Raum warten, unter Aufsicht eines *Postens*. Wir wissen, dass das Urteil am selben Abend vollstreckt werden wird, beim Appell. Kein Grund, irgendetwas auf morgen zu verschieben. Wir setzen uns auf den Boden, den Rücken gegen die Wand gelehnt, die Hände noch immer gebunden.

Seltsamerweise beginnen wir zu plaudern, vielleicht, um unseren Gedanken zu entkommen. Der älteste der vier Polen beginnt zu sprechen, indem er mit der Schulter das Blut wegwischt, das aus seiner Nase läuft. Er spricht langsam, mit dumpfer Stimme. Ich versuche, zu verstehen.

„Was sagt er?"

„Er sagt, wir hätten am Nachmittag aufbrechen sollen, nicht am Morgen."

Und schon stecken wir in einer Diskussion, die immer wieder von Schweigen unterbrochen wird. Am Nachmittag aufzubrechen wäre vielleicht tatsächlich besser gewesen. Rasch wäre die Nacht eingebrochen und hätte uns verborgen. Aber man hätte auch schneller den Alarm auslösen können. Wir wären sofort wieder eingefangen worden. Ist es nicht absurd, jetzt darüber zu diskutieren, jetzt, wo alles verloren ist?

Kurz darauf ertönt wieder ein Seufzer.

„Wir hätten warten sollen."

„Warum?"

„Die Russen scheinen nicht einmal mehr hundert Kilometer entfernt zu sein."

Stimmt. Aber gerade das Vorrücken der Russen berechtigte uns dazu, möglichst rasch zu fliehen. Wer weiß, ob unsere Wächter nicht schon Befehl haben, uns alle im letzten Augenblick niederzumetzeln! Warum jedenfalls dieses nachträgliche Bedauern, wo doch jetzt alles verloren ist? Es soll endlich Schluss sein, möglichst schnell!

Der *Posten* geht vor uns auf und ab, mit der Maschinenpistole über der Schulter. Es beginnt zu dämmern. Ich bin völlig erschöpft, meiner letzten Kräfte beraubt. Ich empfinde nur mehr den übermächtigen Wunsch, zu schlafen. Es soll endlich Schluss sein, guter Gott, es soll endlich Schluss sein mit all dem!

Kurz vor sechs Uhr abends führt man uns zu den Galgen. Sie wurden in der Nähe des Eingangstors errichtet, sodass die Häftlinge beim Abendappell sie von überall her sehen können. Fünf Galgen in Reih und Glied. Fünf Seile. Darunter eine Falltür, die man mittels eines Hebels betätigen kann. Die Scheinwerfer flammen auf, als wir hinkommen.

Die Galgen sind links, wenn man zum Lagertor blickt. Rechts ist das Bordell. Auf der anderen Seite der zentralen Lagerstraße sind die Musiker auf ihrem Podest. Dies ist die Stunde, da die Arbeitskommandos ins Lager zurückkehren. Die Musiker bereiten sich vor. Sie werfen kaum einen Blick in unsere Richtung. Sie wirken so trübsinnig und abwesend, wie ich es bei ihnen immer gesehen habe. Einige müssen seit mehreren Jahren hier sein. Das Schauspiel des Todes ist in Auschwitz so banal und sie haben so vielen Hinrichtungen durch Erhängen beigewohnt, dass unsere sie unberührt lässt. Was bedeuten schon fünf Tote mehr in der täglichen Masse der Toten?

Ihre Aufgabe ist es, Musik zu machen, keine traurige, langsame Begräbnis-Musik, sondern eine lebhafte, fröhliche, mitreißende Musik.

So ist das in Auschwitz.

Die SS-Männer, die uns bewacht und hierher geführt haben, nehmen rechts und links von den Galgen Aufstellung. Die Kapos, die mit der Hinrichtung beauftragt sind, stellen uns nebeneinander, jeden Verurteilten vor sein Seil. Dann fesseln sie uns die Füße. Jemand bringt etliche Schilder, die man uns auf der Brust befestigen wird. Große, weiße Kartons, mit einer deutschen Beschriftung in Großbuchstaben:

ICH HABE ZU FLIEHEN VERSUCHT.

AUS AUSCHWITZ FLIEHT MAN NICHT.

ICH VERDIENE DEN TOD.

Uns zu hängen ist aus Sicht der Deutschen nichts von Bedeutung, nichts, was sie besonders interessiert. Ein Exempel zu statuieren und jenen einen Schrecken einzujagen, die vielleicht mit dem Gedanken an Flucht spielen – auch das ist sekundär. Es ist nicht mehr unbedingt notwendig, dieser Schar von Verurteilten Angst vor dem Tod zu machen. Was unsere Herren zu tun beabsichtigen, ist, eine Zeremonie zu inszenieren, eine sorgfältig geplante Zeremonie voll Charakter und Größe. Wie die großen öffentlichen Auftritte Hitlers ist eine Hinrichtung in Auschwitz ein Spektakel. Ein Spektakel, bei dem auch die Menschenmenge als Darsteller fungiert. Es muss gewaltig sein, kolossal, überwältigend, es darf nicht das geringste Missgeschick passieren, nicht der geringste Misston unterlaufen. Vom SS-Führungsstab bis zum jämmerlichsten der Zuschauer in gestreifter Häftlingskleidung muss jeder mit höchster Aufmerksamkeit seine Rolle ausfüllen. Die Kommandos müssen in perfekter Ordnung ausgerichtet sein, die Musik muss die richtigen Melodien spielen, der Offizier, der mit Vorsitz und Ansprache betraut ist, darf nicht ins Stottern geraten, sogar die Verurteilten müssen korrekt sterben.

Dann wird sich der *Obersturmführer*, der das Kommando über das Lager hat, vielleicht zufrieden zeigen...

* *
*

Die Musik setzt ein. Das erste Kommando kehrt von der Arbeit zurück und durchschreitet das Lagertor. Flutlicht ergießt sich über den Hof.

„Mützen ab!"

Die Männer gehen im Gleichschritt, in Fünfer-Reihen, über die zentrale Lagerstraße, bewegen sich übers offene Gelände und treten vor einem Block an, den Galgen gegenüber. In exakten Reihen, die keinen einzigen Zentimeter abweichen, wie Elite-Soldaten. Die Gesichter sind starr, aber die Augen blicken uns intensiv an. Die meisten Häftlinge sind erst kurz hier und sehen so etwas zum ersten Mal. Das Leben in Auschwitz ist so kurz, dass nur wenige Häftlinge schon länger hier sind, wenige, die schon wiederholt einer Hinrichtung durch Erhängen beigewohnt haben.

Weitere Kommandos treffen ein.

„Links! Links!"

Ich suche nach befreundeten Gesichtern. Im zweiten und dritten Kommando entdecke ich welche. Ich bemerke zwei Kameraden, sie marschieren Seite an Seite, ich kenne sie gut, es sind Franzosen. Als sie am Galgen vorbeimarschieren, werfen sie einen fassungslosen Blick auf mich. Meine Augen werden feucht und ich muss ein Schluchzen unterdrücken.

Mehr als eine Stunde lang marschieren Arbeitstrupps auf, alle im selben regelmäßigen Schritt, dessen Rhythmus von der Musik vorgegeben wird, die Holzpantinen knallen alle gleichzeitig auf den geteerten Boden. Nach und nach füllen sich alle freien Flächen. Eine Armee von 25.000 Gefangenen. Alle mit Mütze und gestreiftem Anzug, alle in Habachtstellung. Die Kommandos treffen ein und die Kapos beginnen mit dem Appell. Nach Beendigung des letzten Appells wird diese Armee von Gefangenen Anrecht haben auf das Schauspiel einer fünffachen Hinrichtung durch Erhängen.

* *
*

Die Musik verstummt. Es herrscht Stille. Man sieht eine Gruppe hochrangiger SS-Männer herbeikommen, die Herren des Lagers, elegant und entspannt. Sie sind gekommen, um der Hinrichtung beizuwohnen, setzen sich einige Meter vom Galgen entfernt, plaudern untereinander, ohne uns eines einzigen Blickes zu würdigen. In ihren Stiefeln spiegelt sich das Licht der Scheinwerfer.

Der mit der Rede beauftragte Offizier löst sich aus der Gruppe, stellt sich vor die Menge und bellt eine dreiminütige Ansprache. Er verkündet die Gründe unserer Verurteilung, dann kommentiert er, was in großen Buchstaben auf unseren Schildern steht: dass niemand aus Auschwitz fliehen kann, dass ein Fluchtversuch eine große Torheit ist, usw. Dann nimmt er wieder seinen Platz bei den anderen ein, steht Habacht und gibt ein Zeichen.

Alles wird ordnungsgemäß abgewickelt werden, von links nach rechts, und ich bin der letzte in der Reihe. Ich habe das Privileg, mitanzusehen, wie meine Kameraden erhängt werden. Die beiden Kapos nähern sich, ergreifen den ersten Polen an den Schultern und hieven ihn auf das Podest. Sie legen ihm das Seil um den Hals und stoßen die Falltür auf. Sobald der Mann am Schafott steht, brüllt er:

„Es lebe Polen, es lebe die Freiheit!"

Mir war, als hörte ich in diesem Augenblick ein Gemurmel aus der Menge aufsteigen. Und nach diesem Anblick des Mannes, der an seinem Seil hängend um sich schlägt, erinnere ich mich an nichts mehr. In meinem Inneren hatte sich mit außergewöhnlicher Intensität ein eigenes Leben zu entfalten begonnen, meine ganze Aufmerksamkeit richtete sich auf Bilder, die aus meiner Vergangenheit aufstiegen. Ich erinnere mich sehr gut an den ersten Gehängten, der hin und her schwang und sich um die eigene Achse drehte, die Hände am Rücken zusammengebunden, und an das große Schild, das seine Brust bis zum Bauch bedeckte. Aber an die anderen erinnere ich mich nicht. Haben auch sie geschrien: „Es lebe Polen"? Ich weiß es nicht. Woran ich mich erinnere, ist der Film, der vor meinem inneren Auge ablief, der Film, der mich in ungeordneter Reihenfolge und bruchstückhaft Szenen meines früheren Lebens noch einmal erleben ließ, vor allem Szenen aus dem Leben mit meiner Familie. Zuletzt trat mir das Bild meiner Mutter vor Augen.

* *
*

Dann gab das Seil nach.

Ich begriff nichts. Unter dem harten Aufprall verlor ich das Bewusstsein.

Später erfuhr ich, dass die Masse der Gefangenen ein lautes „Ah!" ausstieß, als das Seil unter meinem Gewicht riss, vielleicht weil einer der beiden Kapos sich weiter an mich klammerte, während der andere die Falltür betätigte. Man sah offenbar, wie die beiden Männer einen Augenblick zögerten, erstarrt vor Verblüffung, und wie sie sich dann über mich beugten, mich an den Schultern hochzogen, das Seil aufknüpften, von dem mir ein Stück über den Rücken hing, mein Schild entfernten.

Genau in diesem Augenblick erwachte ich. Allerdings nur halb. Ich war wie in einem Traum, nahm vor allem die unerträglichen Schmerzen in Hals und Rücken wahr. Noch war ich nicht in der Lage, mich an das zu erinnern, was um mich herum geschehen war. Mein Mund war voller Blut.

Die Kapos ließen mich offenbar von zwei Männern fortbringen. Zwei Männer, die mich von beiden Seiten unter den Achseln packten und mich mitnahmen, meine noch gefesselten Füße schleiften über den Boden.

Später erfuhr ich, dass in den Reihen der noch immer stramm stehenden Häftlinge das Gerücht umging, man habe mir das Leben geschenkt. Es ist eine alte Sitte, Verurteilte zu begnadigen, wenn sie die Hinrichtung überleben. Manche der Zeugen sagen, die Begnadigung sei sofort von der Kommandantur ausgesprochen und von den Kapos verbreitet worden. Andere sagen, die Offiziere hätten nichts gesagt; das Gerücht entstand spontan in der Menge und niemand dementierte es, vielleicht um den Glauben an das Wohlwollen der Deutschen aufrecht zu erhalten oder aus purer Gleichgültigkeit.

Tatsächlich kam nie jemand auf die Idee, mich zu begnadigen. Die SS hat nie jemanden begnadigt.

Wie auch andere hörte ich folgenden unglaublichen Bericht: ein zehnjähriges Mädchen hatte die Gaskammer überlebt. Der einzige derartige Fall, der dem *Sonderkommando* je untergekommen ist! Das Mädchen wurde gefunden, eingezwängt zwischen mehreren eng übereinander gehäuften Körpern. Es hatte sich ein Lufteinschluss gebildet, der so groß war, dass man das kleine Mädchen ohnmächtig, aber lebendig in dem Leichenhaufen fand. Die SS begnadigte das Kind nicht. Es starb am Tag darauf, bei einem medizinischen Versuch, an einer Spritze, die ihm ein Arzt ins Herz injizierte.

* *
*

Als ich wieder ganz zu mir kam, war ich im *Bunker*. Ich befand mich im selben Raum, in dem ich mit meinen vier Gefährten bewacht worden war. Ich konnte mich nicht aufrecht halten, stöhnte, schmeckte Blut im Mund. Ich hatte keine Ahnung, was passiert war. Damit ich in der Wirklichkeit wieder Fuß fassen konnte, musste mir irgendwer berichten, was geschehen war. Dieser Irgendwer stand plötzlich vor mir: Jakob, der Bunker-Kapo, dessen offizielle Funktion das Töten war.

Ich kannte ihn vom Sehen und ich wusste, was man über ihn sagte. Einige Jahre vor dem Krieg war er Trainer des berühmten deutschen Boxers Max Schmeling, der sogar Box-Weltmeister gewesen war. Jakob war als Jude und ich glaube auch als Kommunist seit langem In Auschwitz interniert und war Kapo geworden. Er bewachte die mit Dunkelhaft bestraften Gefangenen und tötete sie, wenn man ihm das befahl, mit einem Nackenschuss.

Man hatte mich einfach am Boden liegen lassen, wie ein verletztes Tier, Hände und Füße noch immer gebunden, blutend, kaum fähig zu atmen, mit grässlichen Rückenschmerzen. Mein Kopf war voller verworrener Bilder. Jakob löste meine Fesseln, stellte mich auf die Füße, schob seinen Arm unter meine Achseln und brachte mich, halb tragend, in eine Zelle. Er legte mich auf einen Strohsack und blieb vor mir stehen.

Ein großgewachsener, kräftig gebauter Mann, im blaugestreiften Anzug der Häftlinge, auf dem Kopf eine schwarze Mütze. Ein zerfurchtes Gesicht, das den ehemaligen Boxer verriet. Ein breites, kaltes und starres Gesicht. Er betrachtete mich und sagte nichts. Ich war es, der ihn mit heiserer Stimme ansprach:

„Was ist passiert? Was tue ich hier?"

Er verstand kein Französisch:

„*Was ist passiert?*", wiederholte ich auf Deutsch.

„Das Seil ist gerissen."

Er sagte das auf Deutsch. Durch Gesten gab er mir zu verstehen, dass das Seil gerissen war, dass ich herabgestürzt war, dass man mich in den Bunker gebracht hatte. Ich brauchte einige Zeit, um zu begreifen.

Der Tod hatte mich also nicht gewollt! Unter dem Galgen hatte ich ihn mit größter Ungeduld herbeigerufen, diesen Tod. Und nun, da mich das Schicksal ein weiteres Mal verschont hatte, kehrte mir die Hoffnung zurück, die Hoffnung, zu leben. Der Wille, durchzuhalten, mich ans Leben zu klammern, Widerstand zu leisten.

Ich richtete mich auf meinem Strohsack auf, rief den Mann, der sich bereits zum Fortgehen schickte, zurück:

„Und jetzt?"

Er steckt die Hände in die Taschen, zuckt die Schultern:

„Jetzt bekommst du eine Kugel in den Kopf."

Er sagt dies ganz ruhig, betrachtet mich dabei von der Seite. Nichts liegt in seinem Blick, weder Härte noch Mitleid. Er teilt mir nur mit, dass er Befehl hat, mich zu töten, und dass er mich töten wird. Dafür ist er schließlich da. Er ist der Scharfrichter des Lagers, beauftragt mit Exekutionen durch Revolver. Jeder Häftling, der wegen einer schweren Verfehlung zum Tode verurteilt ist und von den SS-Männern nicht auf der Stelle erschlagen wird, wird in den Bunker geführt und Jakob anvertraut. Der Galgen wird für kollektive Exekutionen verwendet, vor allem nach vereitelten Fluchtversuchen. Wenn es um einen Einzelfall geht, reicht eine Kugel in den Nacken. Jakob hat eigenhändig hunderte Deportierte umgebracht. Die Leichen lässt er ins Krematorium schaffen, nachdem er sie entkleidet hat.

Er ist auch der oberste Kerkermeister. Er bewacht die Zellen, in denen man die mit Dunkelhaft belegten Männer einsperrt. Die Zellen sind so niedrig und so eng, dass man darin weder stehen noch liegen kann. Man befindet sich dort in völliger Dunkelheit. Bei längerer Haftzeit stirbt man.

So kündigt mir Jakob also an, dass er den Auftrag hat, mich sofort zu töten. Und doch gewährt er mir einen Aufschub. Da er die Leichen nur am Morgen wegbringen lassen kann, gestattet er mir, bis dahin am Leben zu bleiben. Es geht hier nicht um Wohlwollen. Ich verstehe recht gut, was er sagt, damit keinerlei Illusion bei mir aufkommt. Was ist es schon für ein Unterschied, ob er bis zum Morgen einen lebenden Menschen oder eine Leiche im Bunker hat? Im einen Fall schläft er ebenso gut wie im anderen.

Ich sage nichts. Ich habe nichts zu sagen. Gesetz ist Gesetz. In Auschwitz hat man uns beigebracht zu gehorchen und wir gehorchen. Jakob schließt von außen die Tür und sperrt zu. Ich höre, wie seine Schritte im Gang verhallen.

Ich bleibe zurück, niedergeschmettert, stöhnend, zwischen Schlafen und Wachen schwankend, komme gelegentlich wieder zu Bewusstsein, wie im Fieberwahn steigen bizarre Bilder vor mir auf. Die Hoffnung, die eine Minute lang wieder erwacht war, erlischt. So lang schon befinde ich mich in diesem riesigen Mahlwerk, das Menschen zermalmt! Zudem bin ich krank, ich leide, ich bin erschöpft. Ich will so gern schlafen und für Augenblicke döse ich tatsächlich ein. Jedes Mal weckt mich mein elender Zustand, denn bei jeder Bewegung durchzuckt stechender Schmerz meinen Rücken.

Ich brauche mindestens eine Stunde, um meine Gedanken wieder unter Kontrolle zu bringen. Als es mir schließlich gelingt, zwei Ideen in eine korrekte Abfolge zu bringen, kommt wieder Hoffnung auf. Eine fragile, rasch erstickte Hoffnung, die aber ständig neu geboren wird und in dem Maße anwächst, in dem mein Gedächtnis seine Erinnerungen wiederfindet. Ich habe eine Chance, durchzukommen. Jakob war Boxer. Die Solidarität des Sports kann auf ihn wirken, wie sie auf den SS-Mann gewirkt hat. Vielleicht sogar noch stärker.

Es gibt da eine Möglichkeit, die zu vernachlässigen ich nicht das Recht habe. Ich habe nicht das Recht, mich aufzugeben, mein Leben kampflos dem Feind zu überlassen.

Ich schwanke. Aus aller Kraft brülle ich: „Jakob! Jakob!" und schlage dabei so laut ich kann gegen die Tür.

Und wenn er mich nicht anhören will? Wenn er mich auf Deutsch zu beschimpfen beginnt, wie es alle Kapos tun, wenn man die Kühnheit besitzt, sie anzusprechen? Wenn er mich schlägt?

Na, selber schuld, ich bin wild entschlossen. Dann haue ich ihm mit aller Kraft, die mir noch geblieben ist, meine Faust in die Fresse. Damit er mich auf der Stelle umbringt!

* *
*

Jakob ist tatsächlich gekommen.

Er muss beim Essen gewesen sein, denn während er mit mir spricht, wischt er sich noch den Mund ab. Er hat die Zellentür hinter sich geschlossen und den Schlüssel in seine Tasche gesteckt. Er betrachtet mich aus seinen kalten Augen.

„Was gibt's?"

Wir stehen einander gegenüber. Aug in Aug. Ein weiteres Mal fordere ich das Schicksal heraus. Meine Chancen sind bescheiden. Jakob ist ein langjähriger Gefangener, der gewiss das Vertrauen der SS besitzt. Vielleicht ist er ihnen verbunden durch ich weiß nicht welche ungeheuerliche Mitwisserschaft. Er verfügt also über große Macht. Dennoch ist es schwierig, einen zum Tode Verurteilten einfach wegzuzaubern, vor allem, wenn es 25.000 Zeugen für das Abenteuer dieses Mannes gibt. Einen Elenden aus mehreren hundert Elenden herauszuziehen, wie es vor der Gaskammer der Fall war, war relativ einfach. Der Retter gehörte zur Herrenrasse und wenn er in die Rolle des Retters schlüpfte, riskierte er nichts. Jakob dagegen ist nur Häftling. Und Jude. Ist die Bitte, mich zu retten, nicht eine Bitte, sich selbst ins Verderben zu stürzen?

Egal! Ich versuche mein Glück. Ich sage, was ich ihm sagen muss, halb auf Deutsch, halb auf Französisch. Ich sage, dass ein Boxer keinen Boxer umbringen kann. Dass er als ehemaliger Meisterboxer, als Gefährte von Schmeling kein Recht hat, mich zu ermorden. Er sieht mich überrascht an.

„Du hast geboxt?"

Ich erkläre, ich nenne Namen, ich schildere meine Karriere. Er kennt mich offensichtlich nicht. Zu der Zeit, als ich meine ersten Amateurkämpfe austrug, war er schon im Gefängnis. Aber die gemeinsame Leidenschaft knüpft ein Band zwischen uns. Ich spüre, dass er ins Wanken gerät, dass er mit sich zu ringen beginnt. Ich glaube in seinen grauen, kalten Augen einen Schimmer Sympathie zu sehen.

„Wie heißt du?"

„Kessel."

Er wendet sich einen Augenblick ab, er sieht zur Tür, macht eine vage Geste. Ich rede weiter, aber er hört mir nicht mehr zu, er denkt nach. Und dann geht er plötzlich fort.

* *
*

Ich hatte mich der Gnade eines Scharfrichters ausgeliefert. Auch heute weiß ich nicht, was aus Jakob geworden ist. Beim großen Zusammenbruch flohen die meisten Kapos, da sie recht gut wussten, dass sie keine Chance hatten, der mörderischen Wut der Häftlinge zu entkommen. Tatsächlich rächten sich in vielen Lagern die Häftlinge sofort und man fand die Leichen der Folterer neben den Leichen der letzten Opfer. Unter jenen, die das Weite suchten, gibt es, wie es heißt, welche, die sich verstecken konnten, einige Jahre später unter falschem Namen wieder auftauchten und noch heute friedlich und geehrt in irgendeiner deutschen Stadt, irgendeinem deutschen Dorf leben. Die anderen wurden von Amerikanern oder Russen verhaftet und verurteilt. Es fehlte nicht an belastenden Zeugenaussagen. Viele von ihnen wurden zum Tod verurteilt, mit Ausnahme jener wenigen, die nachweisen konnten, dass sie anderen Häftlingen geholfen hatten, denn es gab in manchen Lagern doch auch Kapos, die mit Widerstandsgruppen gemeinsame Sache machten.

Im Vernichtungslager Auschwitz war Widerstand so gut wie unmöglich. Ich hörte nie von doppeltem Spiel. Jakob spielte ganz gewiss keins. Der Dienst, den er mir erwiesen hat, war nur die Geste eines Sportlers, der noch von der Emotion berührt werden kann, die ein Gespräch über die Vergangenheit auszulösen vermag. Bei ihm gab es weder Güte noch Mitgefühl. Noch weniger die Verweigerung eines Verbrechens. Er hatte seine eigene Haut gerettet, indem er bereit war, ein Auftragsmörder zu werden; er war derjenige, der im Bunker die Exekutionen vollzog, war als solcher bekannt, stand in Ansehen bei seinen Vorgesetzten. Er tat, was man ihm auftrug. Ich bin sicher, niemand vor mir kam lebend aus seinen Händen.

Wäre er angeklagt worden, hätte ich als Zeuge ausgesagt. Aber welches Gewicht hätte meine Aussage in der menschlichen Gerechtigkeit?

* *
*

Mehr als eine Stunde lang wartete ich auf Jakobs Rückkehr. Eine Stunde voller Angst und Qual.

Er hatte mich im Ungewissen gelassen. Er konnte ebenso gut mit seiner Pistole zurückkommen und mich erschießen, mir dabei erklären, dass er nicht anders könne, dass er sein Leben nicht in Gefahr bringen könne, um meins zu retten. Ich hätte verstanden. Ich hätte weder Kraft noch Lust gehabt, zu kämpfen. Ich hätte mich ganz brav hingekniet und er hätte mir den Lauf seiner Waffe in den Nacken gedrückt.

Aber er hatte keinen Revolver in der Hand. Er trug einen Packen Kleidung. Alles war klar.

„Zieh dich aus."

Ich zog meine blutbefleckte Jacke aus, meine Hose, mein Hemd. Dann zog ich meine neuen Kleidungsstücke über, Kleidungsstücke, die vor mir ein anderer getragen hatte. Von nun an trug ich eine andere Stammnummer, die auf Jacke und linkem Bein der Hose stand.

„ich werde dir vor dem Wecken die Tür öffnen", sagte Jakob. „Du kannst dann fortgehen. Aber mehr kann ich nicht für dich tun. Offiziell habe ich dich getötet, habe ich dir deine Kleider ausgezogen und habe deine Leiche ins Krematorium geschickt. Im Häftlingsverzeichnis giltst du als tot. Ich kenne dich nicht. Schlag dich durch."

Er spricht ohne zu lächeln, in neutralem Ton, ohne einen Hauch von Freundschaft.

Ich weiß sehr gut, dass er ein gefährliches Spiel spielt. Das Tauschspiel ist nicht ohne Risiko. Offensichtlich hat er unter der Hand einen Ersatz-Toten, dessen abgetragene Sachen er mir gerade gegeben hat. In Auschwitz kann man sich so viele Tote verschaffen, wie man nur will! Aber wenn ich wiedererkannt würde, gäbe es eine Untersuchung. Natürlich würde ich ihn nicht verraten! Ich habe oft genug bewiesen, dass ich den Mund halten kann. Aber wie konnte er es so einrichten, dass jemand anders meine Stammnummer nahm, um sich an meiner Stelle umbringen zu lassen? Vielleicht gibt es jemanden, der ihn beschützt, jemanden, der eingeweiht ist?

Ich weiß es nicht. Was ich weiß, ist, dass ich verschwinden muss, dass ich eine Möglichkeit finden muss, in der anonymen Masse der Häftlinge unsichtbar zu werden.

Noch bevor am Morgen die Sirene ertönt, trete ich in die schwarze Nacht hinaus und gehe entlang der Mauern zu einem Block, den ich seit langem kenne und der vor allem von Polen bewohnt wird. Ich weiß, dass es in diesem Block ein Versteck gibt.

KAPITEL XII

HÄFTLING im UNTERGRUND

Mir gelang, was man hätte für unmöglich halten können, und was einige Monate zuvor sicher unmöglich gewesen wäre. Von Mitte Dezember 1944 bis zur Evakuierung des Lagers am 18. Januar des Folgejahres trug ich die Stammnummer eines Toten, und ich wurde nicht erkannt.

Mehrere Faktoren waren dabei hilfreich. Zunächst die große Unsicherheit der Häftlingsverzeichnisse. Das Todeslager Auschwitz veränderte und erneuerte ständig seine Belegschaft an Gefangenen. Jeden Tag trafen Zugtransporte ein und jeden Tag erhielten die Krematorien und die Scheiterhaufen ihre Leichen-Ration. Den Kapos – umso weniger den SS-Leuten – gelang es kaum noch, die einzelnen Häftlinge zu identifizieren, die zu anonymen und austauschbaren Bestandteilen einer riesigen Arbeitsmaschine geworden waren. Bestandteile, die so zahlreich waren und so oft ersetzt wurden, dass die mit Pflege der Häftlingsverzeichnisse betrauten Schreiber nur summarisch die Köpfe des Viehs zählen konnten, um der Versorgungsabteilung eine ausreichend unbestimmte Zahl von Rations-Empfängern liefern zu können. Es gab viele Irrtümer, was viele Unregelmäßigkeiten erklärt, noch verschlimmert durch die Diebstähle der SS-Leute. Die berühmte Technik der deutschen Organisation konnte diese Anarchie nur durch Kunststücke der Buchhaltung weniger bedeutend erscheinen lassen.

Andererseits leitete der Dezember 1944 die Periode der großen Unruhe ein. Das Vorrücken der russischen Truppen lag wie eine schwere Drohung über den Industrieanlagen der Region von Auschwitz und dasselbe galt auch für andere Lager. Man beeilte sich, das Dringlichste zu retten und geordnet in Sicherheit zu bringen, wodurch sich die Arbeitsprogramme ständig änderten und die Kommandantur jeden Tag die Arbeitstrupps an anderen Orten einsetzen musste. In den Waffenfabriken wurden die Maschinen abgebaut, um sie auf Züge verladen zu können. Ganz Deutschland wurde vom Sturm der Niederlage erfasst und überall wirbelte er die Mechanismen der Verwaltung durcheinander.

Schließlich war in dieser Herde von zehntausenden verbrauchten und entkräfteten Gefangenen, die alle dieselben Lumpen trugen, das menschliche Gesicht ohne persönliche Bedeutung. Es diente nicht mehr dazu, jemanden zu identifizieren. Geschoren, grau, ausgemergelt, entstellt von Schmerz und Entsetzen, gleicht ein Totenkopf dem anderen Totenkopf. Nach der Arbeit, am Abend, wenn die Häftlinge zwischen den Baracken umhergehen durften, konnte ich mich unter die Grüppchen mischen, ohne Gefahr, erkannt zu werden.

Gewiss, in den folgenden Wochen konnte ich es nicht vermeiden, zwei oder drei Häftlingen zu begegnen, die mich kannten. Sie meinten, man hätte mich begnadigt. Am Tag der Exekution hatte es ja dieses Gerücht gegeben und niemand hatte es dementiert. Ich hütete mich, ihnen die Wahrheit zu sagen. Im Übrigen hatten sie weder Zeit noch Lust, darüber nachzudenken. Allzu beschäftigt mit ihrer Sklaverei und ihrem Elend, dachten sie vor allem daran, irgendwie ihr eigenes Leben zu verteidigen. Das war die Zeit, in der die Verarmung des Deutschen Reichs unsere Hungersnot verschlimmerte. Der Hunger machte die Häftlinge verrückt.

* *
*

Dennoch traf ich meine Vorkehrungen. Deren erste und unerlässlichste war, mich von jenem Block fernzuhalten, in dem ich bis dahin geschlafen hatte, und auch die Arbeitstrupps zu meiden, denen ich früher angehört hatte. Ich durfte keinesfalls den Kapos unter die Augen kommen, die mich früher gekannt hatten. Ich musste mich in einem anderen Sektor des Lagers aufhalten und versuchen, dort durch die Umwälzungen, die die Einheiten ständig erneuerten, unbemerkt zu bleiben.

Es war ein großes Glück, dass ich schon vor langem ein Versteck entdeckt hatte. Nicht umsonst war ich in Auschwitz ein alter Hase. Im Dach eines Blocks, in dem ich früher einmal gewohnt hatte und der nun von Polen belegt war, gab es eine Art Zwischenboden. Dort konnte man hineinschlüpfen. Die Schwierigkeit bestand dann darin, nicht hinunterzufallen. Man musste sich auf einer schmalen Planke ausstrecken und bewegungslos liegen bleiben, solange unterhalb Leute herumgingen. Wenn alles schlief, stieg ich herab von meiner Hühnerstange, suchte leise einen Platz auf den Strohsäcken und schlüpfte unter die Decke eines unbekannten Kameraden, um dort zu schlafen.

Aber ich musste auch essen. An den beiden ersten Tagen schnüffelte ich im verlassenen Schlafsaal herum und stahl ein paar Stück Brot. Die Polen, die dort lebten, durften Pakete erhalten. Aber diese erbärmlichen Diebstähle konnten nicht ausreichen. Mir blieb nur übrig, wieder in Reih und Glied zu treten und die Ration der Arbeiter zu bekommen.

Ich schloss mich einem Kommando an, das mit der Instandhaltung von Eisenbahngleise betraut war. Ich blieb nur drei Tage. Die Arbeit dort war so hart, dass ich keine Chance hatte, zu überleben.

Es gelang mir, mich einem anderen Arbeitstrupp anzuschließen, dessen Aufgabe die Instandhaltung der Wasserversorgung war. Dort ging es besser. Ich musste keine Lasten mehr transportieren, die mir den kranken Rücken brachen. Zudem gelang es mir, mich beim Kapo wohlgelitten zu machen, was eine unschätzbare Chance darstellte. Warum dieser Mann, der brutal war wie die anderen, mich beinah wohlwollend betrachtete, weiß ich nicht. Es war jedenfalls eine Chance mehr.

Nach einigen Tagen brauchte er jemanden für kleine Arbeiten: die Baracke putzen, Brennholz hacken... Er wählte mich dafür aus. Es war ein Deutscher, der vor dem Krieg in Luxemburg gearbeitet hatte und deshalb einigermaßen Französisch sprach. Diese kleinen Aufgaben, die ich sehr gern übernahm und die zu meiner normalen Arbeit hinzukamen, brachten mir jeden Tag einen Nachschlag Suppe ein, den ich gegen Brot tauschte. So gelang es mir, in den letzten Wochen meines Aufenthalts in Auschwitz die besten Bedingungen für meine Erholung zu erlangen: zusätzliches Brot und keine Schläge. Ich konnte meinen lädierten Rücken ein wenig wieder herstellen und meine Kräfte für die letzten Kämpfe sammeln. Denn wenn die Deutschen auch in einer ausweglosen Lage waren, was wir an immer zahlreicheren Anzeichen erkannten, so verzichteten sie doch nicht darauf, ihr Unterfangen weiter zu verfolgen. Die Viehwagons voller Menschenfleisch fuhren immer noch an der Rampe von Auschwitz vor und die Schlote der Krematorien rauchten bis zum letzten Tag.

In der Ferne hörte man jedoch die Geschütze der Roten Armee.

* *
*

Es galt durchzuhalten. Eine unfassbare Chance lag auch in meiner langen Lagererfahrung. Sie machte mich geschickt darin, all dem Verdruss auszuweichen, der nur so niederprasselte auf die Blaugestreiften. In Auschwitz bekamen die Neuankömmlinge alle Schläge ab. Verängstigt, völlig erschöpft, orientierungslos, wussten sie nichts und wagten sie nichts. Die Missgeschicke, die ihnen wegen ihrer Unerfahrenheit unterliefen, stellten einen Schutz für diejenigen dar, die mehr Erfahrung hatten. Dies ist das harte Gesetz des Lagers.

Ich wusste, wie ich mich, wenn nötig, verbergen konnte, ich wusste mich zu zeigen, wenn die Gefahr vorüber war, ich konnte genau in jenem Augenblick springen, wenn der Wachposten den Kopf abwandte, ich wusste auf die Sekunde genau abzuschätzen, wieviel Zeit eine flüchtige Handlung in Anspruch nehmen würde, ich verstand, unbemerkt in eine größere Gruppe zu schlüpfen und mich dort an die ungefährlichste Stelle zu stellen.

Vor allem in der letzten Periode des Lagerlebens wusste ich die zunehmende Unordnung zu meinen Gunsten zu nutzen, die Unentschlossenheit, die sich bald bei den Organen der Kommandantur zeigte und die sich bis in die Arbeitstrupps verbreitete.

Dennoch lebte ich in ständiger Unruhe. Jede Uniform, die am Appellplatz auftauchte, ließ mein Herz angstvoll klopfen. Jeden Augenblick konnte ich entdeckt werden, konnte man mir eine Frage stellen. Ich schlief wenig und schlecht.

Was mich und alle aufrecht hielt, war allein die Gewissheit naher Befreiung. Durchhalten! Das war von nun an die Losung. Jeder Luftalarm ließ uns Freudensprünge vollführen. Als wir das erste Mal Geschützfeuer hörten – es war an einem Januarmorgen, und wir marschierten im Gleichschritt durch den Schnee – erhob sich wider jede Vorsicht ein Gemurmel aus allen Kommandos.

Die Rote Armee hatte das sowjetische Gebiet befreit und marschierte in Polen ein. Unsere Herren zitterten.

Eines Tages sah ich, wie ein SS-Mann mit seinem Motorrad auf den Bauplatz gebraust kam, auf dem wir arbeiteten. Es war kurz nach Mittag. Die kurze Pause nach der Verteilung der Suppe. Es war der 18. Januar 1945.

In unserer Gruppe sah man niemals einen SS-Mann. Einen Augenblick lang glaubte ich, es gehe um mich. Eine absurde Sorge. Wer würde in dem ungeheuren Gewittersturm, der über Deutschland wütete, an mich denken? Ich sah, wie der SS-Mann den Kapo herbeirief und ihn beiseite zog, um ihm Anweisungen zu geben. Dann stieg er wieder auf seine Maschine und fuhr davon. Ich begriff, dass er alle Bauplätze besuchte, um bestimmte Anweisungen zu geben.

Tatsächlich brachte man uns zurück ins Lager. In weniger als einer halben Stunde füllten sich alle offenen Flächen zwischen den Blocks mit Menschen. Alle Kommandos waren hier. Wir erwarteten einen endlosen Appell, wie üblich. Aber es gab keinen Appell. Eine Sammlung, bei der die Gefangenen nicht abgezählt wurden, das war etwas, was wir uns absolut nicht vorstellen konnten.

„Alle in die Barracken!"

Was danach geschah, erschien uns wie ein Märchen. Die sofort bestimmten Suppendienste gingen zu den Küchen. Die Männer kehrten zurück mit Schätzen, die wir niemals gesehen hatten: ganze Brotlaibe, Schachteln mit Büchsenfleisch, Stangen von Margarine. Alles wurde aufgeteilt. Jeder erhielt eine große Ration. Freilich wiesen uns die Kapos darauf hin, dass wir das auf die hohe Kante legen müssten, aber die meisten Männer, toll von Hunger trotz der Mittagssuppe, begannen sofort zu essen.

Wir wussten nicht genau, was sich da ankündigte. Nicht einmal die Kapos wussten es. Sie hatten den Befehl bekommen, uns ins Lager zurückzubringen, uns in die Schlafräume zu pferchen und uns den Proviant auszuteilen, aber weiter wussten sie nichts. Wie üblich begannen wir, Hypothesen zu schmieden. Die meisten Häftlinge meinten, man würde uns unserem Schicksal überlassen, unsere Wächter bereiteten sich angesichts der unmittelbar bevorstehenden Ankunft der Russen auf die Flucht vor und leerten zu unseren Gunsten die künftig nutzlosen Magazine. Das Näherrücken der sowjetischen Armee, soweit wir es nach den Informationen, die bis zu uns durchgedrungen waren, beurteilen konnten, schien rasch genug, um diese Hypothese zu rechtfertigen. Andere nahmen an, man würde uns für Verteidigungsarbeiten hinter der Feuerlinie mobilisieren.

Während dieser Zeit hatten uns die Kapos und die *Block-ältesten* verlassen. Man sah, wie sie das Lager durchquerten und die Büros der Kommandantur betraten. Ihre Beratungen dauerten mehr als eine Stunde lang.

Als sie zurückkamen, teilten sie uns die Entscheidungen mit.

„Das Lager Auschwitz wird evakuiert. Jeder muss seine Kleidungsstücke, seine Decke und die ausgeteilten Lebensmittel mitnehmen. Sammlung zum Aufbruch um acht Uhr abends."

* *
*

Niemand versteht. Niemals war uns der Gedanke gekommen, man könne das ganze Lager woandershin verlegen. Selbst die, die an einen Aufbruch dachten, stellten sich nur eine begrenzte und zeitweilige Verlagerung innerhalb von Auschwitz vor. Man erklärt uns, es handle sich um eine totale Räumung, den kollektiven Rückzug in ein anderes Lager auf dem Gebiet des Deutschen Reichs. Man sagt uns nicht, in welche Richtung es gehen wird.

Die Kapos wissen nichts darüber. Wir besitzen die Kühnheit, sie zu befragen, und sind überrascht von ihrer Leutseligkeit. Die Henker diskutieren mit ihren Opfern! Sie, die uns erbarmungslos geprügelt haben, sie erheben nicht ihre Knüppel, sie beschimpfen uns nicht. Sie lassen sich dazu herab, sich befragen zu lassen, und erniedrigen sich so weit, uns sogar zu antworten. Die Wüstlinge haben Angst. Angst, dem Feind in die Hände zu fallen, der vielleicht rasend schnell heranrückt, und dann für ihre Verbrechen zur Rechenschaft gezogen zu werden. Aber auch Angst, in diesem unermesslichen Zusammenbruch ihre privilegierte Situation einzubüßen, sich plötzlich wehrlos zu sehen, der Vergeltung der Häftlinge ausgeliefert. Ausgestoßen aus den Lagern, wo sie teilhatten an der Herrschaft, würden die Kapos nichts mehr sein.

**
*

Mit aller verbleibenden Urteilskraft halten wir die Operation für völlig wahnsinnig. Wie sollte man so viele Menschen woanders hin verlegen und warum? Was nützt es, in dem Augenblick, in dem das Deutsche Reich jede Hoffnung auf den Sieg verloren hat, noch all diese Sklaven zu behalten? Die Dienste, die sie leisten – vorausgesetzt, sie leisten sie tatsächlich noch – werden den Zusammenbruch nicht abwenden. Ganz im Gegenteil. Diese Massenverlegungen werden teuer erkauft werden. Wir werden Straßen verstopfen, Züge füllen, Begleitkräfte blockieren, schließlich Unordnung in die Aufnahmelager bringen, die von dieser riesigen Welle an Flüchtlingen überflutet werden.

Wenn es darum geht, uns auf den Straßen verrecken zu lassen, könnte man uns doch auch vor Ort und alle auf einmal umbringen, statt das Massaker auf Tausende von Kilometern zu verteilen. Das wird immer nur ein weiteres riesiges Massengrab sein.

Will man vor dem Feind verbergen, was Auschwitz war, will man die Erinnerung an die Hölle auslöschen? Wie könnte man so etwas je verschwinden lassen?

Wir verstehen nicht. Noch nehmen wir an, dass dieser Aufbruch mitten in der Nacht, bei entsetzlicher Kälte, verschoben werden wird, dass ein Gegenbefehl eintreffen wird.

Aber nein! Das irrsinnige Unternehmen wird ausgeführt. In diesem Deutschen Reich, das sich unter der Führung eines Wahnsinnigen in eine völlig verzweifelte Lage manövriert hat, wurde die Logik außer Kraft gesetzt. Man treibt uns auf die Straßen.

KAPITEL XIII

EXODUS

An diesem 18. Januar 1945 konnte ich nicht ahnen, dass mein Leben als Gefangener noch fünf Monate andauern würde. Fünf Monate, in denen das aufgehetzte Deutsche Reich den Kampf fortführte. Je weiter die deutschen Truppen zurückwichen, desto mehr Lager wurden evakuiert.

Das unsere hatte, mit seinen vielen Nebenlagern, insgesamt mehr als zweihunderttausend Häftlinge. Diese riesige Menschenmenge ließ sich nicht auf einen Schlag auf die Straßen treiben. Die Deutschen konnten nicht die Gefahr eines Massenaufstands eingehen, dessen sie, wie sie recht wohl wussten, nicht hätten Herr werden können. Kein Zweifel, unsere Macht wäre uns bewusst geworden und wir hätten versucht, uns selbst zu befreien. Man teilte uns also auf. Der Aufbruch einzelner Gruppen wurde auf mehrere Tage gestaffelt. Jede Gruppe hatte ein anderes Ziel. Ravensbrück, Oranienburg, Buchenwald, Mauthausen, Dachau, beinah alle Lager im zentralen Teil des Deutschen Reichs bekamen ein Kontingent von Deportierten aus Auschwitz und seinen Nebenlagern.

Gleichzeitig strömten auch die Häftlinge jener Lager, die im Westen vom Vormarsch der alliierten Truppen bedroht waren, Richtung Zentrum. Aber meist mussten diese bereits einmal verlegten Gefangenen die Strapazen einer weiteren Evakuierung erdulden. Kaum angekommen zwang sie das Vorrücken der Sieger zu einem weiteren Exodus.

Ich musste nur zwei solche Gefangenen-Überstellungen mitmachen: von Auschwitz nach Mauthausen und von Mauthausen nach Gusen II. Aber unter so grauenhaften Bedingungen, dass die Hälfte der Männer meiner Gruppe auf dem Weg umkam. Bei vielen anderen Gruppen war es ebenso. Tausende und Abertausende von Leichen lagen auf den Straßen des besiegten und verwüsteten Deutschen Reichs.

Man muss bedenken, dass die 200.000 Häftlinge, die aus Auschwitz evakuiert wurden, nur einen kleinen Teil des im Lager seit seiner Errichtung registrierten Häftlingsbestands ausmachen. Die Öfen von Auschwitz hatten mehrere Millionen Tote verschlungen.

Von diesen 200.000 Auschwitz-Überlebenden sahen weniger als die Hälfte ihr Zuhause wieder. Unter ihnen zwei- oder dreitausend Franzosen.

Für die Deutschen stellte sich das Problem der Evakuierung der Kranken. Viele von ihnen lagen im Sterben. Man ließ sie zurück. Die Russen erreichten das Lager in den letzten Januartagen und befreiten, was noch übrig war. Sie befreiten auch einige Häftlinge, die geflohen waren und sich unter Lebensgefahr hier und dort versteckt hatten. Die SS-Leute hatten Befehl, alle zu suchen, die sich in den Barracken zu verbergen versuchten, und sie auf der Stelle zu töten. Sie fanden nicht alle, trotz der Hunde. In der Hast des Aufbruchs konnte nicht alles durchsucht werden.

Auch ich war auf den Gedanken gekommen, mich zu verstecken. Ich hätte es wohl besser vermocht als manch anderer. Aber ich hatte keine Zeit, darüber nachzudenken. Die Soldaten umringten uns sofort und wir mussten aufbrechen. Immer noch jagten uns die SS-Männer tödlichen Schrecken ein. Immer noch brüllten und prügelten sie, immer noch schwangen sie ihre Waffen, immer noch hetzten sie ihre Hunde auf uns, immer noch ahndeten sie das geringste Nachlassen der Disziplin. Wir waren unbewaffnet und zu schwach, um auch nur auf den Gedanken zu verfallen, uns zu widersetzen. Die Kälte, die auf 25 oder 30 Grad unter den Gefrierpunkt sinken konnte, verschlimmerte noch unsere Ohnmacht. Männer, die in ihren Lumpen schlottern, schlecht geschützt durch die Decke, die sie um sich geschlungen haben, behindert durch die wenigen Vorräte, die sie mit sich tragen, können nicht daran denken, sich zu organisieren. Jeder zieht sich in gegenwärtiges und möglicherweise zukünftiges Leiden zurück, jeder hofft, dass er durchhalten wird, dass er sich retten kann, dass Schläge, Kugeln, Krankheit und Tod seinen Nachbarn treffen werden, nicht ihn. So brachen wir zu einem endlosen Marsch auf, eine elendigliche und völlig entkräftete Herde, die an Kälte und bald auch an Hunger krepierte, immer noch in Fünfer-Reihen, ohne die geringste kollektive Reaktion, ausschließlich damit beschäftigt, durchzuhalten.

Dennoch versuchten auf dem Marsch einige zu fliehen, wie auch beim Aufbruch einige versucht hatten, zu desertieren. Aber das waren vor allem Polen, die die Gegend kannten und dort Hilfe finden konnten.

* *
*

Es hatte das Gerücht gegeben, dass die Deutschen Auschwitz vor dem Aufbruch in die Luft jagen würden. Schließlich zerstörten sie aber nur Teile der Krematorien.

Dafür verbrannten sie die Archive. Im letzten Augenblick konnten wir sehen, wie Holzstöße vor den Blocks aufloderten. Die SS hatte Befehl, die Spur ihrer Verbrechen nicht den Feinden in die Hände fallen zu lassen, und auch nicht die Liste der Verbrecher. Dies ist eine – aber sicher nicht die einzige – Ursache dafür, dass die Prozesse gegen SS-Leute jetzt, 25 Jahre später, immer noch andauern und dass viele von ihnen niemals behelligt wurden, selbst wenn sie nicht Zuflucht im Ausland gesucht hatten.

Die Reise von Auschwitz nach Mauthausen dauerte dreizehn Tage. Während der ersten acht Tage marschierten wir im Schnee quer durch Südpolen und die Tschechoslowakei, jeden Tag dreißig oder vierzig Kilometer weit. Den zweiten Teil der Reise legten wir mit der Eisenbahn zurück.

Zum Essen hatten wir nur die Lebensmittel, die beim Aufbruch ausgeteilt worden waren. Als Schutz gegen die Kälte trugen wir unsere gewöhnliche, abgenutzte und zerrissene Kleidung und eine dünne Decke. An den Füßen unsere Holzpantinen. Der Boden war hart vom Frost. Wer vor Erschöpfung stürzte, hatte keine Chance zu überleben, wenn ihm nicht die, die ihm zur Seite gingen, zu Hilfe kamen. Nur selten kamen sie ihm zu Hilfe. Sein Körper verstopfte die Landstraße. Ein SS-Mann zog ihn aus der Kolonne, warf ihn in den Straßengraben und gab ihm einen Kopfschuss. Wir hörten ständig Schüsse knallen. Auch ein Nachzügler, der sich noch aufrecht hielt, dem Zug aber nicht mehr folgen konnte, wurde erschossen. Man betrachtete ihn als jemanden, der zu fliehen versuchte, und tötete ihn ohne Umstände.

Wir bildeten eine Horde, deren normale Strukturen verschwunden waren. In diesem langen Zug, der sich über mehrere Kilometer erstreckte, galten die in den Blocks und in den Arbeitstrupps entstandenen Verbindungen nichts mehr. Die, die neben mir gingen, waren mir beinah immer unbekannt. In den Pausen hatten wir nur im Sinn, uns auszuruhen. Jeder verschanzte sich in seiner Einsamkeit. Wenn wir, manchmal sehr spät abends, einen Hof erreichten, wo wir die Nacht verbringen sollten, so war er immer zu klein und konnte niemals allen Schutz bieten. Die zuletzt Angekommenen blieben draußen und schliefen im Schnee. Nicht alle von ihnen standen am Morgen wieder auf. Viele blieben liegen, starr, erfroren, gelähmt. Die SS-Männer erschossen die Sterbenden. Wenn die Kolonne wieder unterwegs war, hörten wir hinter uns die Revolverschüsse knallen. Außerdem wurde der ganze Hof durchsucht, die Hunde schnüffelten überall herum und scheuchten alle auf, die sich versteckt hatten.

Am dritten oder vierten Tag hatte auch ich das Pech, im Haus keinen Schlafplatz mehr zu finden. Nirgends kam man mehr hinein. Die neben- und übereinander liegenden Körper sperrten jeden Zugang. Alle Scheunen, alle Ställe waren voll. Ich streckte mich im Schnee aus, wie es auch andere taten, in die erbärmliche Decke gewickelt. Schlotternd und mit klappernden Zähnen gelang es mir doch, einzuschlafen. Am Morgen riss mich der Pfiff, der uns zur Sammlung rief, aus einem Traum. Einem seltsam glücklichen Traum. Ich sah mich befreit, der Freiheit wiedergegeben. In Wirklichkeit hatte ich Fieber und phantasierte. Mit unendlicher Mühe stand ich auf und fand mich, von vielen geschoben, in den Reihen der Marschierenden wieder. Das Atmen fiel mir schwer, ich sah beinah nichts. Plötzlich brach ich zusammen. Fluchend beugten sich meine beiden Nachbarn über mich und zogen mich wieder hoch. Dann stützten sie mich beinah eine Stunde lang, trugen mich streckenweise fast. Diesen beiden unbekannten Kameraden verdanke ich es, dass ich nicht auf einer polnischen Straße mein Leben gelassen habe. Später suchte ich sie, um ihnen zu danken, konnte sie aber nicht mehr finden.

Als ich wieder ohne Hilfe gehen konnte, nahm ich am Rand der Straße eine Handvoll Schnee und stillte meinen Durst. Meine fühllosen Beine fanden wieder ein wenig Kraft und ich erreichte das Ende der Etappe.

Zuerst hofften wir – und diese Hoffnung hielt uns aufrecht –, dass wir nicht allzu rasch vorankämen, sodass uns die Rote Armee einholen könnte. Von dieser Roten Armee träumten wir. Sie spielte die Hauptrolle in unseren Gedanken und - wenn wir die Kraft dazu hatten - auch in unseren Gesprächen. Jeder ferne Bombendonner belebte unsere Hoffnungen. Aber die Russen konnten uns nicht einholen.

Wir marschierten auf der Straße, mit steifem, mechanischem Schritt, in unseren Lumpen, die immer löchriger wurden, Füße und Hände halb erfroren. Manchmal waren Zivilisten auf der Straße unterwegs. Stumm und entsetzt drückten sie sich beiseite, um diese Herde von Gespenstern vorbeizulassen. Wenn wir ein Dorf durchquerten, flohen die Leute wegen der unablässig knallenden Schüsse.

Eines Abends kamen wir zu einem Rangier-Bahnhof. Dem Leidensweg der Straße folgte die Qual der Eisenbahn. Ich wusste, wie ein Deportierten-Transport aussah, aber dieser Transport hier war grauenhaft. Man ließ uns, großzügig unterstützt durch Fußtritte und Kolbenschläge, auf offene Waggons steigen, die normalerweise dem Gütertransport dienen. Auf diesen Plattformen gibt es eigentlich nur Platz für etwa zwanzig Menschen. Man pferchte siebzig Menschen auf jede Plattform. Notfalls hätten wir uns dort im Sitzen einrichten können, in mehreren parallelen Reihen, jeder zwischen die Schenkel des Hintermanns geklemmt. Eine unbequeme Stellung, die es aber ermöglicht hätte, den ganzen verfügbaren Platz zu nutzen, ohne jemanden zu erdrücken. Unmöglich! Die SS-Leute wollten keine Köpfe über den Kanten der Plattform sehen. Natürlich ging es darum, Fluchtversuchen vorzubeugen. Unsere Bewacher waren zu wenige, um diese zu unterbinden. Wir legten uns alle irgendwie übereinander. Jeder Wagon war wie ein flaches Gefäß, bis zum Rand gefüllt mit zusammengesunkenen und ineinander verkeilten Menschenleibern. Nichts durfte hinausragen. Die SS-Leute jagten ein paar Salven aus den Maschinenpistolen darüber. Als die ganze Masse der Sträflinge gut geschichtet und eingeebnet war, setzte sich der Zug in Bewegung.

Dann musste man so liegen bleiben, praktisch ohne sich zu bewegen, ohne zu essen oder zu trinken, fünf Tage lang. Manchmal stand der Zug lange still auf einem Abstellgleis. Auch dann war es verboten, auszusteigen. Die SS-Männer wollten sich nicht die Mühe machen, flüchtigen Häftlingen nachzulaufen, mochten nicht einmal die Leute begleiten, die zu den Latrinen gingen; lieber transportierten sie Leichen. Wenn sie Rufe hörten, brachten sie sie mit Schüssen zum Schweigen.

In der entsetzlichen Kälte schwand allmählich das letzte Restchen Leben aus den zur Bewegungslosigkeit verdammten Körpern. Wenn der Zug fuhr, durchfror uns der

Fahrtwind bis auf die Knochen. Es ist nicht das geringste der Wunder, dass es bei unserer Ankunft in Mauthausen noch Überlebende gab. Später erzählte mir einer, der dabei gewesen war, dass man in einem der Wagons jemanden dabei ertappt hatte, wie er am Fleisch eines Toten nagte.

In einem Bahnhof, dessen Namen ich nicht kenne – es war am Nachmittag des zweiten Tages – blieb der Zug mehrere Stunden stehen. Wir nutzten den Aufenthalt, um uns aufzusetzen, was uns die SS-Leute durchgehen ließen, und unsere von Kälte fühllosen Gliedmaßen zu strecken. Mit unseren Decken auf dem Kopf und unseren gespensterhaften Gesichtern erweckten wir wohl das Mitleid der Leute dort. Tschechen. Einige wollten uns zur Hilfe eilen. Es gab da eine Art Überführung, auf der man über die Gleise bis zu unserem Wagon gelangen konnte. Über diese Überführung näherten sie sich uns, trugen Brot, Käse, Kuchen. Sie warfen uns die Dinge zu. Ach! Bei der Aufteilung der Lebensmittel prügelten wir uns. Wie Hunde. Alle Deportierten aus allen Lagern haben sich um Essen geprügelt. In diesem Wagon, in dem es bereits Tote gab, versetzten einander die Schwächsten Fausthiebe und rissen einander das Brot aus dem Mund.

Plötzlich hörten wir Schüsse. Alarmiert durch den Lärm, den wir machten, liefen die SS-Männer herbei. Sie machten sich nicht die Mühe, die Besucher dazu aufzufordern, sich zu entfernen. Sie schossen ganz einfach auf sie. Entsetzt und schreiend liefen diese davon, einer von ihnen blieb leblos auf der Überführung liegen. Ich sah, wie sich unter dem Körper des Unglücklichen eine Blutlache ausbreitete.

* *
*

Die beiden letzten Tage verbrachte ich in einer Art Koma. Ich hatte bemerkt, dass meine beiden unmittelbaren Nachbarn tot waren. Ich nahm ihnen ihre Decken weg. Und dann schlüpfte ich unter die Leichen, um mich damit zuzudecken. Wenn ich für Augenblicke aus meiner Bewusstlosigkeit aufwachte, hörte ich Sterbende stöhnen.

Am Abend des fünften Tages hatten wir Mauthausen erreicht. Man befahl uns, den Wagon zu verlassen. Ich hatte die Kraft, auszusteigen. Dann, als man uns einige Zeit am Bahnsteig warten ließ, zählte ich, wie viele Männer aus meinem Wagon noch gehen konnten. Wir waren zu neunt. Die Gruppen, die aus den anderen Wagons gestiegen waren, waren kaum größer. In den rollenden Särgen, die uns hierher transportiert hatten, gab es noch Überlebende zwischen den Toten, aber sie konnten nicht mehr aufstehen. Ich weiß nicht, wie man sie dort herausgeholt hat.

KAPITEL XIV

MAUTHAUSEN

P fiffe, Sammlung, Gedränge. Knurrende Hunde umringen uns. Trotz unseres Zustands müssen wir uns In Reihen *zu fünft* aufstellen, und im Gleichschritt marschieren. Deutschland hat bewiesen, dass man die Grenzen menschlicher Widerstandskraft unendlich weit dehnen kann. Dass man Sterbende im Gleichschritt marschieren lassen kann.

„Vorwärts Marsch!"

In unseren ekelhaften Lumpen marschieren wir, steif wie Klötze, aber in schnurgeraden Reihen. Wir fühlen nichts mehr. Das gemarterte Fleisch wurde taub und fühllos. Exakt ausgerichtet, wie in den besten Tagen von Auschwitz, marschieren wir vier Kilometer.

„Links, links!"

Die Straße führt hinauf zu einem Lager, das wir von fern in einer trostlosen Landschaft erblicken. Offenbar fließt in einiger Entfernung die Donau vorbei. Bald tauchen Mauern auf. Wieder sind wir in einem Lager und da wir ausreichend Informationen darüber haben, wie es in den unterschiedlichen KZs zugeht, wissen wir, dass Mauthausen ein Unterdrückungslager ist. *Nacht und Nebel.* Für uns, die wir die Rote Armee erwarteten, eine tiefe Enttäuschung. Wir werden weiter warten müssen. Wir werden uns mit dem Gedanken trösten müssen, dass wir, wenn nicht von Russen, so vielleicht von Amerikanern befreit werden, die wohlhabender und uns vielleicht auch freundlicher gesonnen sind. Jedenfalls käme ich rascher wieder nach Hause. Mauthausen liegt auf österreichischem Gebiet, nahe der süddeutschen Grenze. Soweit wir es auf Basis der Nachrichten beurteilen können, die wir zu Beginn des Jahres erhalten haben, sind alliierte Truppen bereits vor einiger Zeit nach Deutschland vorgedrungen. Es kann nicht mehr lange dauern, bis sie uns erreichen, es sei denn, die Wehrmacht wäre wieder erstarkt, was aber unmöglich ist. Wir wissen, dass die eindringenden Truppen das Territorium unter Bomben zermalmen. Noch einmal heißt es durchhalten.

Sobald wir im Lager ankommen, sehen wir von fern in der Dämmerung den Rauch des Krematoriums und bald riechen wir auch wieder den vertrauten Gestank. Nun! Nichts hat sich verändert. Auch hier muss beim Durchschreiten des Lagertors das *Mützen ab* und *Mützen auf* ausgeführt werden und auch hier gibt es eine Meute von Kapos, die sich um uns kümmern. Die Häftlinge, die die Reise überstanden haben, werden wieder den Initiationsriten unterworfen. Aber zuvor gilt es noch, die Nacht zu überstehen.

Es gibt keine Baracken für uns. Das Lager wimmelt nur so von Gefangenen, die, wie wir, aus anderen Lagern kommen und auf ihre Zuweisung warten. Wir erfahren, dass es rund um Mauthausen Nebenlager gibt und dass man uns in eins von ihnen weiterleiten wird. Inzwischen lässt man uns wegen des Platzmangels unter freiem Himmel schlafen. Es ist ein großes Glück, dass es nun weniger kalt ist. Der Bereich, den man uns zuweist, ist groß genug, um uns alle aufzunehmen. Zwischen dem Küchenblock und den Krematorien gibt es einen Hof. Der Boden ist gefroren. Was soll's! Noch einmal werden wir uns ineinander verkeilen, werden einander durch den Kontakt unserer Körper ein wenig wärmen, und die Nacht wird vergehen. Der Gestank nach verfaultem Kohl, der aus den Küchen kommt, und der Gestank der nahen Latrinen überdecken den Gestank der Öfen, in denen die Toten verbrannt werden.

Man gibt uns nichts zu essen. Das ist normal. Im Augenblick stehen wir auf keiner Liste. Wir müssen auf die Registrierung durch die *Schreiber* warten. Solange wir nicht offiziell zu Bürgern von Mauthausen gemacht wurden, existieren wir nicht. Dies geschieht am nächsten Morgen.

Gleich nach dem Wecken führt man uns zu den Duschen. Hier warten die Kapos. Instinktiv krümmen sich unsere Rücken, nehmen Verteidigungshaltung an, unsere Augen belauern angstvoll jede Bewegung der Gummiknüppel. Die Herde nackter Menschen läuft zu dem Raum mit den Duschen, der zu klein ist, um alle zu fassen, man drängelt, schiebt sich unter die Rohre, aus denen heißes Wasser rieselt, beeilt sich, versucht, immer schneller zu machen, versucht, dem Gebrüll der Sklaventreiber zu gehorchen. Wir kommen kaum weniger dreckig heraus, aber ein wenig aufgewärmt.

Man unterzieht uns der Rasur. Die Haarschneidemaschinen wandern über die graue Haut. Wir müssen die Schenkel spreizen. Der Spezialist, der mich schert, ist zu Scherzen aufgelegt, vielleicht, weil er, wie alle, hofft, dass die Befreiung nah bevorsteht. Er macht sich über seine Stellung als Hintern-Scherer lustig. Niemand, so sagt er, mache das so schnell und so gut wie er. Ich gebe zu, dass mir nicht nach Lachen ist. Niemals habe ich mich so schwach gefühlt, niemals erschien mir mein Körper so ausgemergelt.

Dann führt man uns zu den Quarantäne-Blocks. Immer noch nackt und im Laufschritt, verfolgt von der Meute der Folterknechte. Man weist uns eine Holz-Baracke zu, ähnlich wie die in Birkenau. Nur die *Wäscherei*, in der sich der Duschraum befand, war ein Ziegelbau. In unserer neuen Unterkunft bekleidet man uns. Wir sind nun nicht weniger zerlumpt, aber relativ sauber. Es kommt gar nicht in Frage, uns Betten zu geben. Da die Menschen in Quarantäne ja nicht arbeiten, liegen sie auf dem nackten Boden. Man gibt uns jedoch zu essen, und so ist es mir möglich, Vergleiche anzustellen. Die Suppe, die man uns in Mauthausen serviert, ist nicht besser als die in Auschwitz, sie ist sogar schlechter, sie stinkt. Wir nehmen sie mit Genuss zu uns, weil uns der Hunger die Eingeweide zerreißt und wir seit zwei Wochen nichts Warmes zu essen bekommen haben. In diesen Baracken, die wir nicht verlassen dürfen, außer um zu den Latrinen zu gehen – auch dafür muss man um Erlaubnis bitten –, beginnen sich die Zungen zu lösen. Die wandelnden Leichen, die wir am Vorabend waren, haben wieder ein wenig Energie getankt und erzählen einander, was sie in zufälligen Begegnungen hörten. Gefangene, die vor uns angekommen sind, konnten einiges in Erfahrung bringen. Offenbar hat man die Leichen einiger Kapos – vor allem der unseren – gefunden, versteckt unter Betten oder anderswo. Während wir unterm Sternenzelt schliefen, wurden mehrere unserer Bewacher aus Auschwitz erschlagen. Die SS-Männer machten keine Staatsaffäre daraus und versuchten nicht, die Mörder zu finden. Abgesehen davon, dass es unmöglich ist, solche Untersuchungen zu einem Resultat zu führen, weiß man, dass sich die Kapos immer untereinander geprügelt haben, um Posten zu erobern oder zu behalten. Man konnte die Kapos aus Auschwitz nicht unterbringen, ohne die bereits in Mauthausen etablierten Kapos zu behelligen. Die, die bereits hier waren, haben sich gewehrt. Umso mehr, als sie sich wohl des schweigenden Einverständnisses der lokalen Führungsschicht sicher waren. Es ist möglich, dass sich zu diesem Kampf um Posten noch Feindseligkeit anderer Art mischte. In allen Lagern gab es einen Konflikt zwischen den „Politischen" und den „Kriminellen". Zu der Zeit, als wir nach Mauthausen kamen, hatte es offenbar eine Gruppe „politischer" Kapos geschafft, sich dauerhaft durchzusetzen. Aber darüber weiß ich nichts Bestimmtes. Ich hatte weder Lust noch Kraft, genauere Auskünfte einzuholen.

Diese Kämpfe zwischen den Kapos waren jedenfalls auf einer Ebene angesiedelt, die wir nicht überblicken können. Zwar haben wir absolut keine Ursache, unsere Kapos zu beweinen. Aber wir haben schon festgestellt, dass unsere neuen Herren uns auch nicht rücksichtsvoller behandeln. Dieselben Gummiknüppel, dasselbe wilde Getue, derselbe

Strom obszöner Flüche und der Zwang, unter einem Hagel von Schlägen zu laufen. All dies finden wir hier wieder.

Derweilen sind wir in Quarantäne, in einem gesonderten Abschnitt des Lagers. Es gibt keine Arbeit, was die Gefahren spürbar verringert. Wir werden versuchen, diese wenigen Tage Atempause zu nutzen, um wieder zu Kräften zu kommen – in dem Maße, in dem hiervon überhaupt noch die Rede sein kann. Trotz der Isolierung, zu der wir verurteilt sind, kann ein gewiefter und erfahrener Häftling noch die eine oder andere Zusatzration an Brot herausschlagen, dank eines diskreten Schwarzhandels mit den Männern in der Küche. Es gelingt mir, mich einigermaßen zu erholen, trotz der Schmerzen in der Wirbelsäule, die aber allmählich nachlassen.

Nach kurzer Zeit ist unser Sektor übervölkert. Es kommen Männer von überall her, die meisten in einem unbeschreiblichen Zustand körperlicher Abnutzung. Unsere Herren wissen nicht mehr, wie sie diesen Zustrom kanalisieren sollen, der alles zu überschwemmen droht. Aber es gibt eine Zuflucht: sie können die Kranken ja ins *Revier* bringen lassen, wo die Sterblichkeit so groß ist, dass Tag für Tag Platz für Neuankömmlinge geschaffen wird.

Ich habe praktisch nichts von Mauthausen gesehen. In unseren Blocks eingesperrt, kannten wir das Lager und seine Nebenlager nur vom Hörensagen. Aber von makabren Berichten hatten wir mehr als genug. Man erzählte uns von Hinrichtungen vor der „Klagemauer" und von der gigantischen Stiege, die zu den Steinbrüchen hinunterführte. Wie konnte uns, die wir aus einer Hölle kamen, die Beschreibung einer anderen Hölle interessieren?

Eines Morgens kommen die Kapos brüllend herbei und treiben uns mit Fußtritten hinaus. *Raus!* Vorbei ist es mit unserer relativen Ruhe. Ein weiteres Mal defilieren wir vor Trupps von *Schreibern*, geschäftigen und pingeligen Beamten, die sich nach Namen, Alter und Beruf erkundigen und alles in Formulare eintragen. Eine erstaunliche Organisation, die weiterhin funktioniert wie früher, wohl mit ein wenig Unordnung infolge des plötzlichen Anwachsens der Häftlingszahlen, aber nach den üblichen Prinzipien und Methoden. Dennoch kann sich ja niemand Illusionen hingeben über den Ausgang dieses Abenteuers oder über das unmittelbar bevorstehende Ende. Und so ist es gewiss im ganzen noch freien Deutschen Reich, in diesem Landfetzen, der sich unter dem doppelten Druck aus Ost und West ständig weiter zusammenzieht. Die Zahnräder der Verwaltung drehen sich weiter. Und die Amerikaner sind ganz nah. Und die Städte stehen in Flammen.

Man gibt uns eine neue Stammnummer, die nicht mehr auf den Arm tätowiert wird, sondern auf ein eisernes Schildchen geprägt ist, das man uns ums Handgelenk hängt. Ich bekomme die Nr. 118 900. Niemand ahnt, dass meine erste Stammnummer die eines Mannes ist, der gehängt wurde. Die Toten reiten schnell. Weniger als zwei Monate sind vergangen und schon lange ist Sim Kessel nur mehr eine Erinnerung. Im Übrigen achte ich darauf – ist das denn wirklich notwendig? –, dem *Schreiber*, der mich in sein Register einträgt, einen falschen Namen anzugeben.

Und nun bin ich offiziell ein neuer Mensch. Dies verschafft mir eine gewisse Erleichterung. Der Gefangene, der Schuld auf sich geladen hat und dessen Bestrafung nicht vollzogen wurde, der Häftling, der aus Auschwitz desertieren wollte, der sich dem Lager entzog, dem Galgen und dem Krematorium – vor dem Gesetz existiert er nun nicht mehr. Es gibt nur mehr einen unschuldigen Gefangenen, der eine ehrenwerte Stammnummer trägt. Eine Stammnummer, die für alles steht, die von der Notwendigkeit befreit, einen Namen zu haben, eine Seele, eine Geschichte.

Nach der Mittagssuppe erfahren wir, dass man uns in ein anderes Lager weiterschicken wird, in ein Nebenlager von Mauthausen. Es ist unmöglich, im Stammlager zu bleiben, das völlig überfüllt ist vom ständigen Zustrom der Flüchtlinge. Die Quarantäne muss dringend geleert werden.

Richtung Gusen II.

KAPITEL XV

GUSEN II

Das einige Kilometer westlich von Mauthausen gelegene Lager Gusen II besitzt einen düsteren Ruf. Wegen der Arbeiten im nahen Gebirge, wo in unterirdischen Fabriken für Messerschmidt geschuftet wird, stirbt man dort schneller als sonst irgendwo. Bereits seit langem gräbt sich die deutsche Industrie tief ins Gestein, um den Bombardierungen zu entkommen. Gewiss, das ist der Beweis, dass Deutschland sich in einer verzweifelten Lage befindet, dass es nicht mehr genügend Flugzeuge hat, um seine Fabriken zu verteidigen, aber für uns, die wir dort arbeiten, ist es grauenhaft. Stollenarbeiter hatten immer ein schweres Los.

Das Lager hat nicht die eindrucksvollen Ausmaße des Stammlagers, aber es wird ebenso streng bewacht. Stacheldraht und Wachtürme. Weder sind wir die SS-Leute los noch die Kapos. Die Baracken sind verkommen und übelriechend, zu klein, um uns alle zu fassen. Wir stellen rasch fest, dass wir uns zu dritt ein Bett teilen müssen. Egal, daran sind wir gewöhnt. Der schwarze und geborstene Strohsack, steif von Dreck, halb gefüllt mit zerbröseltem Stroh, ist ein Element des Trostes, das man nicht geringschätzen soll, selbst wenn man nur ein Drittel davon belegen darf. Man ruht darauf doch besser als auf nackter Erde.

Registrierung der Stammnummern durch den Blockschreiber. Diverse Formalitäten.

Danach ist, wie auch überall sonst, eine mündliche Unterweisung vonnöten. Unterstützt von Dolmetschern, nimmt sich der *Lagerälteste* dessen an. Der Mann ist groß und dick, mit rotem Teint, sichtlich gewöhnt an starke Getränke. Er paradiert vor uns mit seinem grünen Mörder-Winkel und schwenkt beim Sprechen einen großen *Gummi*. Ich behielt das Wesentliche seiner Ansprache, einer Ansprache, wie ich sie schon manches liebe Mal gehört habe, diese hier aber ist von radikaler Grausamkeit.

„Ihr seid in Gusen II, ihr seid in einem Konzentrationslager, ein KZ ist kein Sanatorium..."

Einverstanden, die Formulierung ist sattsam bekannt, ebenso wie die Anspielung aufs Himmelfahrtskommando, dem wir alle angehören werden, wenn wir das Krematorium verlassen.

„Hier herrscht Sauberkeit. Es gibt nichts, um sich zu waschen. Es gibt weder Wasser noch Seife, um sich zu waschen, und man hat auch keine Zeit, sich zu waschen, aber man ist trotzdem sauber. Und wenn man nicht sauber ist, ist man ein toter Mann, verstanden?"

Wir mussten mit einem einstimmigen *„Ja!"* antworten.

„Hier herrscht Gehorsam. Die Kapos wissen, was ihr tun müsst. Wenn sie euch befehlen, Blöcke von tausend Kilo zu schleppen, werdet ihr Blöcke von tausend Kilo schleppen. Und wenn sie euch befehlen, Scheiße zu fressen, werdet ihr Scheiße fressen. Und wenn man den Gehorsam verweigert, ist man ein toter Mann. Verstanden?"

„Ja."

„Hier gibt es jemanden, der euch Gehorsam lehren wird, und das bin ich. Ihr kennt mich noch nicht, aber ihr werdet mich schon noch kennenlernen. Ich habe tausende Männer wie euch umgebracht. Ich liebe das Töten. Wenn ich töte, so kommt es mir..."

Das war keine leere Drohung. Ich hatte später mehr als ein Mal Gelegenheit, diesen Massenmörder und seine Leutnants bei ihren Morden zu beobachten. Ihre Vorgesetzten, weit entfernt davon, sie zu mäßigen, unterstützten sie dabei noch.

Vom nächsten Morgen an verschaffte mir der Leichen-Sammeldienst, zu dem man mich einteilte, eine Ahnung von dem, was Gusen II war: die kumulierte und wechselweise verstärkte Wirkung von Schlägen, körperlicher Abnutzung und Hunger.

Während der ersten Tage, während man auf die Bildung von Arbeitstrupps wartete, setzte man uns bei verschiedenen Reinigungsdiensten ein. Zusammen mit einigen anderen wurde ich damit beauftragt, die Leichen wegzubringen, diese Abfälle unter anderen Abfällen, die sich im *Revier* und in den Schlafsälen türmten. Man ließ sie sich dort häufen, besonders im Winter, um am Transport zu sparen. Die *Blockältesten* profitierten davon, denn sie konnten sich zusätzliche Essensrationen verschaffen, indem sie Todesfälle erst mit Verzögerung deklarierten.

Wir fuhren mit unserer Handkarre zu jeder Baracke und man zeigte uns die Leichen, die wir fortbringen sollten; meist lagen sie unter den Betten. Nackt, eiskalt und stinkend. Der Kapo des *Reviers*, der mit der Leitung des Unterfangens betraut war, teilte uns unter Verabreichung kräftiger Fußtritte mit, wie hier vorzugehen sei. Zu zweit hoben wir den Toten an Schultern und Füßen hoch und liefen zur Handkarre, um ihn hineinzuwerfen. Alles geschah im Laufschritt. Während wir so mit unserer Last liefen, machte sich ein dritter, der in dem Gefährt stand, damit zu schaffen, die Leichen ausgestreckt übereinander zu stapeln, um für möglichst viele Platz zu schaffen.

Ich höre noch immer das dumpfe Geräusch der an die Rüstleiter krachenden Schädel und die Stimme des Kapos, die unter Flüchen und Beschimpfungen unser Hantieren mit den Toten begleitete.

War die Karre voll, schob man sie, immer noch im Laufschritt, zum Krematorium und lud die Leichen dort eine nach der anderen aus, legte sie über einander entlang der Mauer, sodass ein ordentlicher Stapel entstand.

Zwar war ich seit langem an den Umgang mit Toten gewöhnt. In Auschwitz hatte ich oft Leichenbahren tragen müssen. Aber diese Toten von Gusen II waren grauenhaft. Die erbarmungswürdigen Körper, über jedes vorstellbare Maß hinaus abgemagert, verbreiteten unerträglichen Gestank. Die meisten hatten Wunden oder Entzündungen, aus denen Eiter floss. Manche waren noch schleimig von der Ruhr, die ihre Eingeweide geleert hatte. Der Kontakt mit diesem ausgetrockneten und verwesenden Fleisch verursachte mir Übelkeit, und meine Kameraden waren nicht weniger angeekelt. Ich sah mit Entsetzen auf meine von Eiter besudelten Hände. Mehrere Tage lang hing der Gestank des Todes in meinen Kleidern.

* *
*

Der Putzdienst dauerte eine Woche. Auf eine längere Pause durften wir nicht hoffen, trotz der Überfülle an Arbeitskräften, die so zahlreich waren, dass die Werkstätten sogar Leute abwiesen. Gusen II verschlang Unmengen von Arbeitern. Tag für Tag kehrten die Trupps mit ihrem Anteil an Kranken und Verletzten zurück, die man aufs Revier schickte. Wir mussten einrücken in die unterirdischen Fabriken.

Eines Morgens, Schlag fünf, führte man uns vom Lager fort und ließ uns in einen Zug einsteigen, der durch das Tal der Donau fuhr. Verladung in Vieh-Wagons, in einem Getöse von Gebrüll und unter einem Hagel von Schlägen. Man musste den Wagon in wenigen Sekunden besteigen. Und bei der Ankunft mit derselben Promptheit aussteigen. Die Deutschen verlangten immer, dass ihre Züge oder Lastwagen sich augenblicklich füllten oder leerten. Pech für Ungeschickte oder Nachzügler.

Die Fahrt dauerte eine halbe Stunde. Kaum waren wir ausgestiegen, als die Arbeiter der Nachtschicht, schwarz von Staub und Dreck, in die Wagons sprangen, um ins Lager zurückzukehren. Die Arbeit stand niemals still.

Am ersten Tag versammelte man uns vor den Werkstätten und teilte uns nach unseren Fähigkeiten unterschiedlichen Kommandos zu. Jede Werkstätte brauchte qualifizierte Arbeiter. Ein *Schreiber* kam und verlas eine lange Liste von Qualifikationen und nach und nach traten jene vor, die dafür geeignet waren. Ich begriff rasch, dass nicht-qualifizierte Arbeiter in die unterirdischen Stollen und in die Steinbrüche kommen würden. Sie würden dort die Lücken füllen, die der Tod gerissen hatte, und dann würden sie selbst dort sterben. Hieran ließen die Berichte der vor uns Angekommenen keinerlei Zweifel: vier, fünf Wochen - das war so etwa die Zeit, die man in den Stollen durchhalten konnte, wo man mit Schaufel und Hacke zwölf Stunden lang in einer Wolke aus Staub malochte. Wenn man dann nicht mehr aufrecht stehen konnte, verreckte man am *Revier*.

Ich musste unbedingt versuchen, mich in die Werkstätten zu schummeln. Ich erklärte mich also zum Blecharbeiter. Man schrieb meine Nummer auf und wies mich ins Blechwerk, gemeinsam mit zwei oder drei anderen.

Ich hatte keine blasse Ahnung von der Blechbearbeitung. Ich hatte überhaupt keine Ausbildung als Industriearbeiter. Ebenso gut hätte ich mich zum Fräser, Schlosser oder Elektriker ernennen können. Als ich bemerkte, dass die Liste der Fachgebiete beinahe erschöpft war, machte ich mich ungesäumt zum Blecharbeiter. Ich riskierte, aus der Werkstätte geworfen zu werden und mich dem Trupp der Stollenarbeiter anschließen zu müssen, nachdem ich als Preis für meine Lüge „fünfundzwanzig auf Arsch" bekommen hätte. Egal. Ich ging das Risiko ein. Kühnheit, so habe ich oft festgestellt, macht sich besser bezahlt als Vorsicht.

Und so war es auch. Ich gelangte an einen zivilen Werkmeister, der sich als verständnisvoll erwies. Er war Österreicher, ein Mann, der sein Handwerk verstand und eine Mannschaft zu führen wusste. Als er zu mir kam und mich fragte, was ich tun könne, begriff er rasch, dass ich im Leben noch keinen Hammer in der Hand gehabt hatte und ein

Hochstapler war. Er zuckte nur die Schultern, holte eine Holzform, legte ein Blech darüber und zeigte mir, wie man das Blech mit Hilfe des Hammers modellieren müsse. Er besaß die Geduld, meine ersten ungeschickten Versuche zu überwachen und selbst das Werkzeug zur Hand zu nehmen, um meine Fehler auszubessern.

Zuerst glaubte ich, mein österreichischer *Meister* habe Mitleid mit mir. In Wirklichkeit hatte er Angst. Manchmal, wenn er sicher war, dass kein SS-Mann aufkreuzen würde, ließ er sich zu ernüchterten Vertraulichkeiten hinreißen. *„Hitler kaputt"*, sagte er. Meist war er umgänglich, brüllte nicht, beschimpfte uns nicht. Er wusste, dass die Amerikaner nicht weit waren, dass es nicht mehr lang dauern könne, bis sie in die Region einmarschieren würden und er legte überhaupt keinen Wert darauf, als jemand denunziert zu werden, der Zwangsarbeiter niederknüppelt. Wir waren in dieser Werkhalle zu zehnt, genossen relative Sicherheit, blieben verschont von körperlicher Erschöpfung und Schlägen und waren ohne oder beinah ohne Kontakt mit den Peinigern. Zumindest während der Arbeitszeit; denn sobald wir die Werkhalle verließen, mussten wir zurück ins Lager, mussten zweimal pro Tag die Unbequemlichkeiten und Gefahren des Transports und die endlosen Appelle erdulden. In jeder zweiten Woche hatten wir Nachtschicht, was uns einen sehr flachen Schlaf bescherte.

Die Wochen vergingen. Immer öfter hörten wir die Alarmsirenen heulen. Eines Tages erzählte uns der Meister von einer nahegelegenen Stadt, in der seine Familie lebte und die gerade dem Feind in die Hände gefallen war. Ich verbarg meine Freude, konnte aber nicht dem Wunsch widerstehen, diese Neuigkeit französischen Kameraden mitzuteilen, die in einer anderen Werkhalle arbeiteten. Ich tat so, als hätte ich ein dringendes Bedürfnis, bat um Erlaubnis, auszutreten, lief flugs zu meinen Freunden und informierte sie. Sie wussten es schon. Ihr Vorarbeiter hatte eine Lokalzeitung herumliegen lassen, die sie stibitzt hatten. Eine Zeitung war ein Schatz von ungeheurem Wert. Zu meinem Unglück bemerkte ich nicht, dass ein SS-Mann gesehen hatte, wie ich die Werkhalle betreten hatte, dass er mir gefolgt war und mich von fern beobachtete, versteckt hinter einer Maschine, während ich mit meinen Freunden sprach. Der Lärm der Motoren und das Hin und Her der Menschen um mich herum wiegten mich in trügerischer Sicherheit. Der SS-Mann trat hervor, packte mich am Kragen, hob mich beinah in die Luft und stellte mich wütend zur Rede. Ich musste gestehen, dass ich in eine andere Werkhalle gehörte. Er trieb mich mit Fußtritten dorthin zurück, legte mich über die Werkbank und befahl mir, mit lauter Stimme die *fünfundzwanzig auf Arsch* mitzuzählen, die er mir zu verabreichen gedenke. Ich begann zu zählen: „Eins, zwei, drei, ..." und er schlug mit aller Kraft mit seiner Peitsche zu. Zum dritten Mal in meiner Laufbahn wurde ich nun dieser abscheulichen Züchtigung unterzogen. Bei den ersten Schlägen glaubte ich in Ohnmacht zu fallen, aber ich verbot mir, zu schreien. Bei *zweiundzwanzig* hörte er auf und sagte, er werde mir die drei letzten Schläge erlassen, weil ich nicht geschrien hatte.

Ich richtete mich mühsam wieder auf, zog meine Hose hoch und ergriff mit zitternder Hand meinen Hammer. Ich hatte den Eindruck, meine Haut sei geplatzt. Mein Peiniger machte aus Prinzip noch ein wenig Radau, stieß Verwünschungen aus, drohte mir Scheißkerl, mich bei erster Gelegenheit in den Steinbruch zu schmeißen; dann wandte er sich an meinen *Meister*, der der Züchtigung mehr tot als lebendig beigewohnt hatte. Er sagte ihm, er werde gegen ihn Bericht erstatten, wenn er noch einmal Unordnung in seiner Werkhalle sähe. Dann ging er majestätisch davon und ließ seine Peitsche gegen die Stiefelschäfte schnalzen.

Die Prügelstrafe hatte mich schrecklich mitgenommen. Ich konnte weder sitzen noch stehen. Die Haut war zwar nicht geplatzt, aber mir tat der ganze Leib weh und ich konnte vor Schmerz kaum gehen. Als wir für die Rückfahrt wieder in den Wagon steigen mussten, gelang mir das nur mit Hilfe meiner Kameraden. In der Nacht brachte ich kein Auge zu.

Die Ereignisse des nächsten Tages sollten mit einem Schlag meine Ängste zerstreuen und beinah auch meine Schmerzen auslöschen. Es ertönte der Weckruf, aber nicht der Pfiff zum Appell. Der *Blockälteste* kam, sagte, wir würden heute nicht zur Arbeit gehen, und ließ uns dann stehen. Er gab uns keine weitere Erklärung. Völlig verdutzt, ratlos, uns abwechselnd das Beste und das Schlimmste ausmalend irrten wir in der Baracke herum, noch waren wir ängstlich und wagten nicht, nach draußen zu gehen, um Neuigkeiten zu erfahren. Eine der Hypothesen, die wir in Stunden der Entmutigung oft aufgestellt hatten, war, dass die SS-Leute das Spiel nicht so einfach verloren geben würden und dass sie uns eher niedermetzeln als uns durch die Sieger befreien lassen würden. Man hörte in der Ferne die Salven von Schüssen, was diese Vorhersage zu bestätigen schien. Aber Kameraden liefen herbei, äußerst erregt, und riefen, die SS-Männer seien verschwunden. Alle stürmten hinaus. Tatsächlich waren keine SS-Männer mehr da. Stattdessen waren da Wehrmachtssoldaten. Großteils ältere Männer, wahrscheinlich die letzte Reserve. Sie hielten überall Wache, die Waffen aus den Wachtürmen waren immer noch auf das Lager gerichtet. Aber die SS-Männer waren verschwunden. Die Arbeiter der Nachtschicht, die aus den Fabriken zurückkamen, bestätigten uns, dass nirgends mehr SS-Männer waren.

Während des ganzen Tages wuchs die Unruhe weiter an. Keine Arbeit mehr, keine Dienste, keine Appelle. Alle Arten von Gerüchten machten die Runde. Manche von uns versuchten, einen Ansatz von Organisation zu schaffen, als Vorbereitung auf einen möglicherweise bevorstehenden schweren Rückschlag, aber niemand hörte auf sie. Die Vielfalt der Sprachen, die Ungewissheit über das, was draußen geschah, vor allem die fiebrige Erwartung, die plötzlich von allen Gefangenen Besitz ergriff, verhinderten jede Verständigung. Eine Art Irresein bemächtigte sich unser. Mehr noch als die Freude der bevorstehenden Befreiung brachte uns die Hoffnung auf Essen außer Rand und Band. Wir dachten nur mehr ans Essen.

Man gab uns jedoch dieselben Rationen wie gewöhnlich. In dieser Hinsicht hatte sich nichts geändert. Die Suppen-Männer gingen zu den Küchen und kehrten mit der gewöhnlichen Ration zurück. Was sich dafür aber sehr wohl verändert hatte, war die Haltung der Kapos. Das Phänomen, das ich schon in Auschwitz beobachtet hatte, wiederholte sich in Gusen II. Die Ausbeuter brüllten nicht mehr. Es gab Streitigkeiten um die Aufteilung des Brotes und sie hüteten sich, mit Knüppel-Schlägen einzugreifen. Man sah sie miteinander diskutieren. Sie bereiteten wohl ihre Flucht vor. Wir hätten sie angreifen können, sie wären unserer Übermacht erlegen. Wahrscheinlich wären nicht einmal die Soldaten dazwischen gegangen, die uns auf der anderen Seite des Stacheldrahts bewachten. Aber wir wussten nichts, wir konnten nur Mutmaßungen anstellen.

Vielleicht wurden in der folgenden Nacht alte Rechnungen beglichen, vielleicht wurde geplündert. In unseren schmutzigen Baracken eingesperrt, wussten wir noch nicht, dass wir dort, auf unseren verrotteten Strohsäcken, im Gestank von Schweiß und Dreck, unsere letzte Nacht als Gefangene verbrachten.

Am Morgen holte mich das laute Stimmengewirr meiner erwachenden Schlafsaalgenossen aus dem Bett. Der übliche Pfiff zum Wecken war ausgeblieben, niemand hatte „Aufstehen!" gebrüllt. Als ich die Baracke verließ, sah ich, dass es keine Wachposten mehr gab, keine Soldaten auf den Wachtürmen. Keine Kapos mehr. Vor unseren Augen lag eine stille, anormale, unverständliche Welt ohne Uniformen und ohne Knüppel. Eine leere Welt. Es gab nur mehr uns, mit unseren geschorenen Köpfen und unseren Häftlingsuniformen. Vorsichtig, mit zögerndem Schritt und wachsamem Blick traten wir ins Licht eines Maimorgens hinaus.

Es gab nur mehr uns, die wir doch nichts waren. Nicht mehr als das Ungeziefer, mit dem wir die Betten teilten, nicht mehr als Flöhe. Die Herren mit den glänzenden Stiefeln, die Herren mit ihrer Gefolgschaft aus Kapos und Hunden, die

Herren, die das Lager mit ihrer Gegenwart erfüllt hatten, die Herren, die Arbeit und Ruhepausen befehligt, Brot und Schmerz zugeteilt, über Leben und Tod entschieden hatten, die Herren waren fort.

KAPITEL XVI

BEFREIUNG

Dieser 7. Mai des Jahres 1945 hat sich tief in mein Gedächtnis gegraben. Es war mein erster Tag in Freiheit. Noch trug ich die gestreifte Häftlingskleidung, aber ich war kein Sklave mehr. Noch umgab mich Stacheldraht, aber die Peiniger waren geflohen, wie alle meine Kameraden war ich von fiebriger Erwartung erfüllt, freudetrunken, unentschlossen, unfähig, einen Plan zu fassen, schwankend zwischen der Furcht, das Lager zu verlassen, und der Angst, dort zu bleiben.

Niemand war mehr da, um uns zu bewachen, keine Maschinenpistolen mehr auf den Wachtürmen, die Tore des Lagers standen weit offen, aber für uns lag Gusen II am Ende der Welt. Unsere Gruppe bestand vor allem aus Polen und Russen. Ein paar Spanier. Einige wenige Franzosen. Das Lager verlassen hieß ins Ungewisse gehen. Wir hatten niemanden, der uns den Weg wies, wir hatten keine Landkarten, keine Waffen. Niemand konnte diese unruhige Masse ehemaliger Häftlinge kontrollieren oder leiten. Ohne unsere Sklavenwärter, plötzlich in die Anarchie geworfen, kamen wir nicht einmal auf den Gedanken, unter uns Anführer zu wählen. Im Lager zu bleiben stellte aber auch ein Risiko dar. Wir wussten überhaupt nicht, was draußen geschah. Der Gedanke, dass unsere Wächter zurückkehren könnten, um das Lager wieder unter ihre Kontrolle zu bringen, vergiftete unsere Freude. Wir konnten nicht wissen, dass eine solche Rückkehr unmöglich war.

Und hätten wir es auch gewusst, wir wären nicht in der Lage gewesen, es gedanklich zu erfassen. Seit Monaten oder Jahren wie Tiere eingesperrt im Käfig, ganz benommen von Elend, Hunger und Angst, phantasierten wir wie im Fieber. Wer das nicht durchlebt hat, kann es nicht verstehen. Jedes Lager war ein Irrenhaus. Man hatte in uns die normalen Reflexe zivilisierter Menschen zerstört, hatte unsere Persönlichkeit vernichtet, hatte tierhafte Instinkte in uns geweckt. Wir litten an dieser entsetzlichen Lagerneurose, die zu überwinden vielen Deportierten niemals gelungen ist. In diesem schmutzigen Lager am Ende der Welt, inmitten von Ödland, umgeben von Stacheldraht, von dem wir annahmen, er stünde unter Strom, blieb jeder von uns isoliert und in sich verschlossen und dachte an nichts als daran, sich selbst zu retten.

Der erste und mächtigste Reflex war der Hunger. Niemand bewachte mehr Magazine und Küchen. Nirgends war auch nur ein einziger Kapo zu sehen. Wir stürzten uns auf die Lebensmittel.

Ich fand in einem Untergeschoß einen Haufen Kartoffel und sammelte ein paar Kilo ein. Zufällig traf ich auf einen aus Brüssel stammenden Belgier und er half mir, meine Beute fortzutragen. Er sollte mein letzter Gefährte in der Deportation sein. Ich weiß nicht, was die anderen fanden, und ich kümmerte mich nicht darum. Meine Kartoffeln waren ein märchenhafter Schatz. Erfüllt von der Angst, man würde sie uns aus den Händen reißen, suchten der Belgier und ich ein Plätzchen, um sie zu kochen und zu essen.

Wir zerbrachen die Pfosten eines Bettes und entfachten ein Holzfeuer. Auf dieses Feuer legten wir unsere Kartoffeln zum Rösten und dann verschlangen wir sie halbgar. Uns schien, wir hätten niemals etwas Köstlicheres gegessen. Draußen ertönte der Lärm der Tore, die zerbrochen wurden. Was uns von den Kartoffeln übrigblieb, versteckten wir, und dann gingen wir hinaus, auf der Suche nach einer anderen Beute. Überall waren Grüppchen, die sich versteckten, um zu essen.

Es musste zehn Uhr sein, als der Lärm von Motoren uns zum Stacheldraht zog. Auf der Straße, die direkt am Eingang vorbei führte, fuhr langsam ein Panzer. Wir erkannten sofort die amerikanischen Sterne. Das Fahrzeug blieb in zwanzig Metern Entfernung stehen, das Geschütz auf uns gerichtet. In wenigen Augenblicken waren da mehrere hundert Gefangene, die in allen Zungen schrien und riefen, aber keiner wagte einen Schritt aus dem Stacheldraht-Pferch hinaus zu tun. Der Panzer blieb fünf oder sechs Minuten bewegungslos stehen, dann brummte der Motor und unsere Besucher zogen sich im Rückwärtsgang zurück.

Die Hoffnung auf unmittelbar bevorstehende Befreiung hatte sich zerschlagen, aber wir konnten nun vertrauensvoll in die Zukunft blicken. Mit eigenen Augen hatte ich die sieghaften Soldaten mit Waffen und Helmen gesehen. An ihrer Anwesenheit war nicht mehr zu zweifeln. Man konnte vernünftigerweise annehmen, dass sie das ganze Gebiet besetzt hatten. Und doch hieß es warten. Wir hatten nur ihre Insignien gesehen. Vielleicht war der Sieg noch nicht vollständig errungen und vielleicht mussten die Angreifer noch deutschen Widerstand brechen, was gewiss ein bedeutenderes Ziel war als die Rettung einiger tausend Gefangener. Unsere Unwissenheit versetzte uns in die Lage, alles zu glauben und alles zu erfinden, und natürlich konnte ich nicht umhin, die Hypothesen meiner Kameraden mit meinen eigenen zu ergänzen, Hypothesen, die allesamt absurd waren.

So verstrich der Tag in Ungewissheit. Fünfzehnhundert freie Männer in einem Lager, dessen Tore weit offen standen, und niemand wagte, es zu verlassen. Die Baracken völlig durcheinander, der Plünderung preisgegeben, tausend Sachen nach draußen geschleudert. Besonders die *Schreibstube*, wo sich die Archive stapelten, war verwüstet. Für uns ging es noch immer vor allem darum, Lebensmittel zu finden, Lebensmittel aufzuteilen und zu horten. Wir wussten noch nicht, dass Deutschland schon kapituliert hatte, wir wussten gar nichts. Da und dort waren Kranke, die nicht aufstehen konnten, und uns kam nicht in den Sinn, ihnen zu helfen. Es gab Tote, die noch nicht fortgebracht worden waren. Sie verwesten unter den Betten. Wir konnten nur plündern und bis ins Plündern hinein erfüllten uns unser Sklaven-Misstrauen und unser Sklaven-Entsetzen.

Am Nachmittag entdeckte man zwei Kapos, versteckt in einer Baracke. Sie waren nachts nicht gemeinsam mit den anderen geflohen. Sie hofften wohl, sich bei der Ankunft der Amerikaner unter die Häftlinge mischen zu können, in der großen Unordnung der Befreiung unbemerkt zu bleiben und dann als Opfer des Nazi-Regimes nach Hause, nach Deutschland zurückzukehren. Sie hatten nicht damit gerechnet, dass sich die Amerikaner mit der Einnahme von Gusen II Zeit lassen würden und dass die unbeschäftigten Häftlinge das Lager bis in alle Winkel und Ritzen durchsuchen würden.

Die beiden Männer wurden aus der Baracke gezerrt. Der Sog, der sich in diesem Augenblick bildete, zog mich dorthin. Eine Bande Gefangener, trunken von rasender Wut, zerrten an Armen, Beinen und Kopf der Kapos. Die beiden flehten und ächzten, versuchten, die Schläge, die auf sie niederprasselten, abzuwehren. Man riss ihnen die Kleider vom Leibe. Sie waren korpulent und stark, sichtlich gut ernährt, fähig, sich lange gegen die Meute von Skeletten zu verteidigen, die über sie herfiel. Aber sie wehrten sich nicht, sie weinten, gelähmt von Entsetzen, sie hoben schützend ihre Ellbogen vors Gesicht, wie bestrafte Kinder. Die Rächer prügelten wild, gerieten dabei einander in die Quere, schleuderten Fußtritte gegen das Geschlecht, Faustschläge ins Gesicht. Die Zuschauer, die sie umringten, brüllten wie verrückt, die Züge verzerrt von Hass. Die beiden Männer verschwanden in einem Handgemenge, das sich je nach Ansturm hierhin und dorthin bewegte. Bald stürzten sie. Auf dem Boden liegend, splitternackt, von Blut bedeckt, das Gesicht zu Brei zerschlagen, schrien sie, so laut sie konnten. Am erbittertsten schlugen Russen zu. Sie stießen einander beiseite, um an die Opfer heranzukommen und auf ihnen herum zu trampeln. Man brachte lange Eisenstangen herbei, die in der Nähe lagen, unter anderem Baumaterial. Der Kreis um die beiden Körper wurde weiter und die Eisenstangen traten in Aktion. Sie krachten in gewaltigen Schlägen nieder, stießen mit lautem Klirren aneinander, schlitzten die Bäuche auf, verspritzten Blut. Die Gemarterten wanden sich lange unter den Schlägen und dann bewegten sie sich nicht mehr.

Das war der letzte Mord, den ich miterlebt habe. Ich habe dabei nicht mitgemacht, nicht aus Menschlichkeit, sondern weil ich zu schwach war, um eine Eisenstange zu schwingen und mich in den Kreis der Totschläger einzureihen. Hätte ich mich stärker gefühlt, hätte ich mich, glaube ich, sehr gern an der Exekution beteiligt.

Die beiden Leichen, schrecklich zerfetzt und in Blut schwimmend, wurden an den Beinen in einen Block gezerrt.

In der Morgendämmerung des 8. Mai kam der Panzer, den wir am Vortag gesehen hatten, brummend wieder zurück, statt aber zum Lager zu fahren, fuhr er weiter Richtung Osten. Einige Augenblicke später tauchte ein zweiter auf und fuhr hinterher. Die Neuigkeit wurde uns von Kameraden überbracht, die am Stacheldraht gestanden hatten. Da entschloss ich mich zum Aufbruch, gemeinsam mit meinem belgischen Freund, der mir seit dem Vortag nicht mehr von der Seite gewichen war. Mein Freund hieß Charles. Kaum älter als ich, war auch er als Widerstandskämpfer verhaftet, nach Oranienburg deportiert und über Mauthausen evakuiert worden, Er hatte weniger erlitten als ich, da er viel später festgenommen worden war, aber seine Sehnsucht nach seiner Heimat war nicht weniger lebhaft als die meine. Er hatte schon am Vorabend gemeint, wir sollten in der Nacht versuchen, die alliierten Linien zu erreichen. Nicht ohne Grund vertrat er die Ansicht, dass wir rascher in unsere Heimatländer zurückgebracht würden, wenn wir vorangingen, statt in den unendlichen Schlangen von Häftlingen zu warten, die sich im Lager bilden und unsere Heimkehr verzögern würden. Ich hatte ihm jedoch vor Augen geführt, dass ein Aufbruch in der Nacht nicht ohne Gefahren sei. Wir wussten nicht, ob sich die SS-Männer nicht irgendwo in der Gegend versteckten. Allein, unbewaffnet, nicht orientierungsfähig, konnten wir in Reichweite ihrer Gewehre geraten. Besser warteten wir, bis es tagte, und verließen dann unter weniger gefährlichen Umständen das Lager. Er hatte mir beigepflichtet. Gegen sieben Uhr morgens traten wir, mit ein paar Lebensmittelvorräten versehen, auf die Straße und gingen dorthin, woher die Panzer gekommen waren. Bald wies uns ein Schild den Weg nach dem zwanzig Kilometer entfernten Linz. Kein Zweifel, dorthin mussten wir gehen. Diese große, österreichische Stadt war in den Händen der Amerikaner.

Wir waren zu solch einem langen Marsch kaum in der Lage, aber die Hoffnung hielt uns aufrecht. Am Nachmittag hatten wir die zwanzig Kilometer hinter uns gebracht und erreichten den Stadtrand von Linz. Staunend und mit großen Augen betrachteten wir eine Welt, die wir uns nicht mehr vorstellen konnten. Zivilisten gingen frei durch die Straßen, Kinder spielten auf den Bürgersteigen, Frauen, Handwerker und Ladeninhaber standen vor ihren Türen. Manchmal tauchte in einem offenen Fensterrahmen das bewegende Bild eines Familienheims auf. Es schien uns unvorstellbar, dass es auf der Welt noch ein Zimmer gab, das die Intimität eines Paares barg, ein Bett mit Bettwäsche, ein Sessel, eine Wiege. Unvorstellbar, dass man zwanglos umhergehen konnte, ohne im Gleichschritt zu gehen, ohne das Rückgrat unter den Schlägen zu krümmen.

Die Stadt war, zumindest in den Vierteln, die wir sahen, nicht bombardiert worden. Es kostete uns keinerlei Mühe, Amerikaner zu entdecken. Überall waren sie, mit ihren Kampfanzügen, ihren Helmen, ihrem ungeheurem Gerät. Wir traten auf sie zu, naiv überzeugt, dass unsere Zwangsarbeiter-Lumpen ihre brüderliche Aufmerksamkeit erregen würden, dass sie uns aufnehmen, uns umarmen, uns beistehen und uns in unsere Heimatländer zurückbringen würden. Eine Illusion! Niemand kümmerte sich um uns. Diejenigen, die wir zufällig angesprochen hatten, gaben uns durch ihre Gesten zu verstehen, dass sie uns nicht verstünden. Wir sprachen ihre Sprache nicht und sie hatten Wichtigeres zu tun. Die Gleichgültigkeit der österreichischen Zivilbevölkerung erstaunte uns nicht, war diese doch überhäuft worden von Propaganda und uns nun deshalb nicht gewogen, außerdem litt man Hunger und hofierte schamlos die Sieger. Aber die alliierten Truppen! Wir wussten nicht, dass es in Linz noch andere Deportierte gab, die aus verschiedenen nahegelegenen Lagern entkommen waren, und zwar so viele, dass die Dienststellen, die mit ihrer Aufnahme betraut waren, bereits völlig überfordert waren.

Egal, wir wurden nicht müde, die Soldaten zu bestaunen. Ihre Anwesenheit machte uns zu freien Männern. Sie waren mächtig und gutmütig, drängelten sich in den Cafés, scherzten auf der Straße laut miteinander, warfen den österreichischen Kindern Bonbons zu. Wohlgenährt, sauber, in neuer Kleidung, ausgerüstet, wie es Soldaten bisher nie gewesen waren. Ihre massiven und brandneuen Panzer pflügten durch die Straßen. Ihre Lastwägen transportierten Berge von Nahrungsmitteln. Und wir, wir irrten aufs Geratewohl durch die Straßen, müde und ausgehungert, versuchten vergeblich, mit Leuten in Kontakt zu treten, die uns nicht verstanden, die keine Anweisungen für den Umgang mit Deportierten hatten und uns mit mehr Misstrauen als Mitleid betrachteten.

In unserer Einfalt nahmen wir an, dass ein so grausames Schicksal wie das unsere doch bekannt sein müsse, dass die ungeheuerlichen Bedingungen, unter denen die Deportierten gelebt hatten, die ganze Welt empören müssten. Wir bemerkten überrascht, dass nichts davon der Fall war, dass die Leute nichts wussten, dass wir in den Augen dieser Soldaten ebenso gut Ganoven sein konnten, die aus ihrem Gefängnis entsprungen waren. Plötzlich wurde uns unsere Nichtigkeit bewusst.

Dennoch fanden wir schließlich einen amerikanischen Unteroffizier, der Deutsch sprach. Er schien Anteil zu nehmen. Er holte zwei Pakete, die er uns schenkte, und verabschiedete sich dann ohne weiteres und unter viel Schulterklopfen. Die Pakete enthielten Kekse, Schokolade und Zigaretten.

* *
*

Sofort verschlangen wir die Kekse und die Schokolade und rauchten die Zigaretten, staunend über diesen unvorstellbaren Überfluss. Aber ach! Unser entkräfteter Organismus vertrug das nicht. Weniger als eine Stunde später hatten wir Bauchschmerzen. Es wurde Abend. Wir begannen, uns besorgt zu fragen, was aus uns werden solle, und vor allem, ob wir wohl auf der Straße würden schlafen müssen.

Aber da bemerken wir eine französische Uniform. Hoffnung keimt auf. Dieser Soldat ist nun aber ganz anders als die amerikanischen Kämpfer. Seine Uniform ist fadenscheinig und schmutzig, seine Gamaschen zerrissen. Wir brauchen eine Weile, bis wir begreifen, dass es in Linz ein Lager von französischen Kriegsgefangenen gibt und dass unser Mann einer von ihnen ist. Ein junger Mann, recht ausgemergelt, lächelnd und liebenswürdig. Er versteht uns. Er hat bereits Deportierte gesehen, aber es ist das erste Mal, dass er französischsprachige Deportierte trifft. Er nimmt uns mit in sein Lager. Er teilt uns mit, dass die Amerikaner die Deportierten im Sektor der Kriegsgefangenen sammeln, im Lager St. Magdalena.

Unser Freund stellt uns seinen Kameraden vor. Man empfängt uns freudig, gibt uns zu essen, Brot, Speck, Zucker. Man weiß gar nicht, was man uns noch zu Gefallen tun könnte. Diese Männer, die fünf Jahre lang gelitten haben, verstehen, dass wir noch schwerer gelitten haben. Sie umringen uns, nehmen uns in die Arme. Seit langer Zeit mussten wir solche Herzlichkeit entbehren. Seit so langer Zeit, dass wir es kaum glauben können, dass wir zu träumen meinen, dass wir nicht aufhören können, zu weinen.

Betten werden für uns gefunden, keine übereinander gestapelten Hühnerställe, sondern richtige Betten mit Sprungfederrahmen und wollenen Matratzen. Wo haben sie so etwas gefunden? Vielleicht in einem Nachbarhaus, das von einer Bombe aufgeschlitzt wurde. Seitdem die Wächter fort sind, haben die Kriegsgefangenen es geschafft, sich ein wenig Bequemlichkeit zu verschaffen. Dies kommt nun uns zugute, uns, denen dies ungewöhnliche Wohlbehagen beinah lästig ist, diese Sauberkeit, diese Weichheit der Sprungfedern unter unseren gemarterten Häftlingsrücken, vor allem der viele Platz, der es uns erlaubt, Arme und Beine auszustrecken.

Leider werde ich immer kränker. Mein Freund Charles ist in besserer Verfassung als ich und scheint den Speck, den er gegessen hat, recht gut zu vertragen. Ich nicht. Die ganze Nacht lang werde ich von einem fürchterlichen Ruhr-Anfall gequält. Ich hatte in Auschwitz immer wieder derartige Anfälle, aber nie einen so schlimmen. Mehr als fünfzig Mal muss ich in dieser Nacht aufstehen. Die Krankheit lässt mich ausfließen und die Schlaflosigkeit erschöpft mich. Am Morgen bin ich nur mehr ein Wrack.

Der französische Kamerad, der mich besucht und mir einen Becher Kaffee bringt, erschrickt bei meinem Anblick. Sofort holt er zwei Lagerärzte, auch sie Kriegsgefangene. Ich werde abgehorcht, abgetastet, man entdeckt meinen zum Skelett abgemagerten Körper, der noch die Spuren der letzten Züchtigung trägt. Die beiden Ärzte sprechen sanft mit mir, sie sagen, es sei nichts von Belang, kein Grund, mich mit Arznei vollzustopfen. Übrigens haben sie gar keine Medikamente. Sie empfehlen mir, viel zu trinken und nichts mehr von diesem Speck zu essen, dessen Reste sie neben meinem Bett entdecken. Vor allem bestehen sie darauf, dass ich liegen bleibe.

Es kostet mich keine Mühe, ihnen zu gehorchen. Mir graut vor dem Speck und ich habe nicht die Kraft, mich zu erheben. Ich habe nicht einmal die Kraft, auf ihre Fragen zu antworten.

Als sie sich entfernen, sehe ich, wie einer von ihnen an der Tür als Antwort auf den fragenden Blick der Kameraden betrübt den Mund verzieht. Seiner Einschätzung nach scheint es nicht mehr die geringste Chance zu geben, mich zu retten. Und tatsächlich läuft alles wie am Lager eines Sterbenden. Man versichert mir, dass es mit Ruhe und guter Ernährung vorübergehen werde, dass ich Paris bald wiedersehen werde. Man bringt mir Milch, denn die Amerikaner haben das Lager mit ihrem Milchpulver überschwemmt, man treibt Obst und Bonbons für mich auf. Ich beginne zu glauben, dass ich hier mein Leben aushauchen werde, total hirnrissig, nur wenige Flugstunden von zu Hause entfernt, nachdem ich so viele Martyrien überstanden habe. Mich packt die Wut. Ich beschließe, dass ich, wenn ich schon krepieren muss, zu Hause krepieren werde, in Frankreich, nicht hier.

Man möchte glauben, dass der Wille alles vermag. Auch dieses Mal sollte ich es schaffen. Nicht ohne Mühe. Niemals hatte ich mich so ausgelaugt gefühlt. Nicht einmal in den finstersten Tagen von Jaworzno und Auschwitz, als mein Zustand so erbärmlich war, dass ich selektiert wurde, war ich, wie jetzt, ständig am Rande der Bewusstlosigkeit. Um meinen Kampf ums Überleben zu gewinnen, bedarf ich aller Zuneigung der Kameraden. Sie wissen, dass ich sie brauche, sie lassen mich nie allein, sie wechseln sich an meinem Bett ab.

Eines Tages sagen sie mir, dass ich eigentlich bei den Deportierten in St. Magdalena sein sollte. Die ehemaligen Häftlinge werden dort in Quarantäne gehalten. Die amerikanischen Ärzte, die mit gutem Grund den Ausbruch von Epidemien befürchten, haben nicht vor, Kranke oder Keimträger in ihre Heimatländer zurückzubringen. Es liegt auf der Hand, dass diese Kranken viel besser gepflegt werden als ich hier. Eigentlich müsste ich also dort hingehen. Ich weigere mich aber, ich will nicht in Quarantäne, ich will möglichst rasch nach Paris, auch auf die Gefahr hin, dass ich sterbe, sobald ich dort bin. Ich weiß, dass die Kriegsgefangenen vorrangig Richtung Frankreich abreisen werden und ich gedenke, bei ihnen zu bleiben.

Einer der beiden Ärzte, der jeden Morgen kommt, um mich zu untersuchen, sagt, meine Halsstarrigkeit sei unvernünftig. Er bietet mir an, mich selbst zum Lager der Deportierten zu begleiten und seinen Einfluss dort geltend zu machen, damit ich eine Vorzugsbehandlung bekomme. Ich lehne ab. Die Vorstellung, mich wieder in die Schar der KZ-Häftlinge einzuordnen, lässt mich erschaudern. Der Arzt muss den Eindruck bekommen, ich könne nicht mehr klar denken. Er dringt nicht weiter in mich.

So wenig vertretbar mein Ansinnen auch sein mag, man unterstützt es dennoch, nicht, indem man sich an die Verwaltung wendet, sondern indem man sich einer List bedient. Französische Soldaten wissen sich zu helfen. Sie bringen mir eine recht abgetragene Infanterie-Uniform und ein Käppi. Sie fanden auch Schuhe für mich. Man zeigt mir die Baracke, in der man sich eintragen lässt und wo die Marschpapiere ausgestellt werden. Sim Kessel erhebt sich mühsam, verkleidet sich mit Hilfe seiner Kameraden als Soldat und reiht sich in der Schlange der rückkehrwilligen Kriegsgefangenen ein. Ein überlasteter Unteroffizier registriert ihn als Soldat im Infanterieregiment Nr. …, Gefangener im *Stalag X*. Zusammen mit der Ziviladresse genügt das. Ich erhalte ein mit Stempeln bedecktes Papier, das mich einem amerikanischen Transportflugzeug zuweist, welches am übernächsten Tag vom nahen Militärflugplatz starten soll. Der belgische Freund macht es ebenso, denn wir haben beschlossen, uns nicht zu trennen.

Der Trick ist gelungen, aber noch bin ich so schwach, dass ich bei der Rückkehr beinah ohnmächtig in mein Bett sinke.

Sehr früh am übernächsten Tag machen wir uns auf den Weg. Man hat uns kein Fahrzeug geben können. Also müssen wir fünfzehn Kilometer zu Fuß gehen, um den Flugplatz zu erreichen, aber egal! Die Kameraden sind ja da. Sie umringen mich und stützen mich. Als ich anhalten und in den Straßengraben steigen muss – denn ich bin noch lange nicht gesund –, warten sie freundlich auf mich. Aber auf Dauer treibt sie die Furcht, das Flugzeug zu versäumen, zur Eile. Sie streben auf der Straße voran und rufen mir zu, ich solle mich ihnen doch anschließen. In meinem Zustand ist das schwierig. Ich komme in letzter Minute zum Flughafen, eine halbe Stunde nach den anderen, aber immerhin komme ich hin. Ich zeige meinen offiziellen Schein vor, den einzigen offiziellen Schein, den ich besitze, man schiebt mich sofort in eine riesige Maschine, dort treffe ich meine Freunde wieder. Der Rausch des Starts löscht die Erinnerung an das überstandene Grauen.

Eine ereignislose Reise. Vier Stunden Flug. Das Flugzeug landet in der Nähe von Reims und ein Lastwagen bringt mich in die Stadt. Ich habe nicht die Geduld, mit den anderen dort zu bleiben. Man hat uns in einem Park versammelt. Darauf warten, dass am nächsten Tag ein anderes Militärfahrzeug kommt? Unmöglich! Mir kommt vor, ich würde vorher sterben. Ohne etwas zu sagen, entwische ich allen und laufe zum Bahnhof. Im Lager gewöhnte ich mir an, heimlich das Weite zu suchen, und der Gedanke, dass mein Verhalten ungesittet sein könnte, streift mich kaum. Am Bahnhof kostet es mich einige Mühe, in den Zug zu kommen, aber schließlich gelingt es mir. Ein gerammelt voller Zug, in dem ich mich im Gang auf dem nackten Boden lege. Je näher ich dem Ziel komme, desto mehr bedrückt mich eine Angst, die letzte Angst, die Angst, die ich seit Tagen zu ersticken versuche: meine Eltern. Sind meine Eltern noch am Leben? Ich bin seit mehr als drei Jahren von ihnen getrennt, ich weiß nichts von ihnen, solange ich in Haft war, gab es nie eine Möglichkeit, mit ihnen in Kontakt zu treten. Während meines Aufenthaltes in Linz schrieb ich nicht, ich war zu krank, um eine Feder zu halten, zudem entsetzte mich der Gedanke, mein Brief könnte mit dem Vermerk „Unbekannt" zurückkommen. In ganzer Länge im Gang ausgestreckt, zähle ich die Minuten. Ich hoffe, bei meiner Ankunft an der Gare de l'Est gleich ein Taxi zu finden, das mich zum Place Daumesnil bringt. Aber nein, kaum ausgestiegen, muss ich am Bahnhof meine Marschpapiere vorweisen. Es gibt einen Empfangsdienst für die in die Heimat zurückgekehrten Gefangenen, Empfangshostessen servieren Sandwiches, Offiziere erteilen Befehle. Immer noch beherrscht von der alten Angst eines geprügelten Zwangsarbeiters, wage ich nichts zu sagen, trotz meines dringenden Wunsches, mich unauffällig davonzumachen. Brav trete ich mit den anderen an. Lastwagen bringen uns fort.

Ich finde mich im Kino Gaumont wieder. Man hat den großen Saal für die Gefangenen requiriert. Man verwöhnt uns, man verhätschelt uns, man zeigt uns Filme. Die Müdigkeit gewinnt die Oberhand und ich schlafe in meinem Sessel ein, während Laurel und Hardy über die Leinwand flimmern. Als das Licht wieder eingeschaltet wird, gehen Empfangshostessen mit Körben durch die Reihen. Und ein Mädchen, das ich nicht kenne, bleibt vor mir stehen, die Augen geweitet von Staunen und Mitleid.

„In welchem Stalag waren denn Sie?"

Tatsächlich bin ich in einem Zustand körperlicher Zerrüttung, der jede Vorstellungskraft übersteigt. Die Burschen um mich herum scheren sich nicht darum, sie sind ganz und gar mit ihren eigenen Problemen beschäftigt. Aber da ist dieses junge Mädchen mit dem aufmerksamen Blick, das mir seinen Obstkorb anbietet. Sie hat ausgemergelte Gefangene gesehen, aber keinen wie mich. Ich zögere mit der Antwort. Sie beharrt.

„Ich war in keinem Stalag."

„Wie?"

„Ich war in Auschwitz."

Das Mädchen bleibt einen Augenblick bestürzt stehen, dann geht sie, um ihrem Vorgesetzten Bericht zu erstatten.

Ein doppelt-betresster Offizier[11], begleitet von Krankenschwestern, kommt zu mir, stellt mir Fragen, teilt mir mit, dass ich im Kino Gaumont nichts verloren habe, dass ich ins Hôtel Lutétia gehöre, wo die Deportierten aufgenommen werden.

Und schon bin ich in dem Krankenwagen, der für mich bestellt wurde. Eine Krankenschwester begleitet mich. Nun, ich werde die Meinen also nicht mehr heute Abend sehen. Im Hôtel Lutétia werde ich lange von einem anderen Offizier befragt, muss Einzelheiten über das Lagerleben berichten: auf welchen Arm ich tätowiert wurde, usw. Man scheint misstrauisch zu sein, Hochstapler zu fürchten. Meine Aufrichtigkeit wird anerkannt. Ich habe Anrecht auf ein Bett in einem luxuriösen Zimmer, auf Pflege, auf Arznei. Immer noch voll Angst vor der Obrigkeit, noch nicht wieder an menschliche Güte gewöhnt, nehme ich die Pflege ebenso passiv hin wie zuvor die Schläge. Ich sollte lange brauchen, bis ich die Haltungen und Reaktionen normaler Menschen wieder erlernte. Ich getraue mich nichts zu sagen, nichts zu fragen, ich habe Angst. Und doch habe ich ein ungeheures, ein heftiges Bedürfnis, wieder bei meinen Eltern zu sein.

Sehr früh am nächsten Morgen entwische ich. Ein weiteres Mal. Verstohlen verlasse ich mein Zimmer, dann das Haus, verblüfft vom Erfolg meines Unterfangens. Ich gehe in ein Café und rufe von dort jenen Mann an, der in unserem Résistance-Netzwerk mein Vorgesetzter war. Warum ist mir das nicht schon früher eingefallen? Seine Frau meldet sich, sie ist sehr überrascht und sehr froh, als sie meine Stimme erkennt. Meine Eltern? Aber ja, sie sind am Leben, es geht ihnen gut...

Später erfahre ich, dass sich das Netzwerk um sie gekümmert hat, sie unterstützt und beschützt hat, ihnen alle nötigen

---

11   Ein Offizier, der so viele Orden verliehen bekommen hatte, dass diese in zwei Reihen auf seiner Uniformjacke angebracht worden waren.

Papiere verschafft hat. Die wunderbare Solidarität der Résistance.

Ein paar Stunden später umarme ich endlich wieder meine Eltern, nicht bei ihnen zu Hause, sondern in Villeparisis, wo sie vorübergehend leben. Ohne sie wäre es mir vielleicht nicht gelungen, die Freude am Leben zurückzugewinnen.

Der Verlag Les Éditions du Crieur Public

Der Name des Verlages heißt übersetzt „der Verlag des öffentlichen Ausrufers". Der öffentliche Ausrufer ist eine Art Vorläufer des heutigen Journalisten. Er war schon im alten Griechenland auf den Straßen zu finden, mit der Glocke in der Hand zog er die Menge an und verkündete die Neuigkeiten.

Der Verlag verlegt die Werke bedeutender französischsprachiger Wissenschaftler, Journalisten oder Kritiker aus den Geistes-, Sozial- und Humanwissenschaften sowie von Zeitzeugen in deutscher Sprache und regt diese auch zur Schaffung neuer Werke an.

Gegründet wurde das Unternehmen im Sommer 2010 in Hamburg von der Journalistin Yasmine Azzi-Kohlhepp, der im Rahmen ihrer Lehrtätigkeit an der Universität Hamburg auffiel, dass es zu bestimmten Themen Lücken im deutschen Buchsortiment gibt, und ihrem Mann Dr. Kay H. Kohlhepp, einem auf Medien spezialisierten Unternehmensberater.

Mehr unter: **www.crieur-public.com**

Bislang veröffentlicht wurden:

Jude sein nach Gaza von Esther Benbassa, vormals Professorin an der Sorbonne Universität

Das Mysterium Marias von Luce Irigaray, Philiosophin und Feministin

MenschenZoos – Schaufenster der Unmenschlichkeit von Pascal Blanchard, Gilles Boëtsch, Eric Deroo und Sandrine Lemaire und einem internationalen Forscherteam.

Offener Brief an die muslimische Welt von Abdennour Bidar, Philosoph, Essayist und Berater der französischen Regierung

Mehr unter: **www.crieur-public.com**